カルヴァン

亡命者と生きた改革者

Johannes Calvin
Leben und Werk des Reformators

Christoph Strohm

C. シュトローム［著］　菊地純子［訳］

教文館

Johannes Calvin

Leben und Werk des Reformators

von

Christoph Strohm

日本語版への序文

二〇一七年には全世界で宗教改革が五〇〇年前に始まったことが覚えられることでしょう。マルティン・ルターは贖宥に抗議する九五箇条の提題によって、教会の広範囲な改革へと導く動きを引き起こしました。ジャン・カルヴァンはルターからの刺激を感激して受け入れ、更に発展させました。その発展は並外れており、ヨーロッパを越えて、全世界へ、アメリカとアジアにまで及びました。したがって、カルヴァンの伝記が宗教改革五〇〇年記念の直前に日本語で出版されるのはとりわけ価値のあることであり、喜ばしいことです。これが可能になったのは、ひとえに菊地純子氏のような、ドイツ語に堪能であるばかりでなく、カルヴァンの神学の精通者である方が、労の多い困難な課題を引き受けてくださったことによります。ですから私たちはみな、氏に感謝の責務を負っております。

宗教改革五〇〇年祭だけが日本語版のカルヴァンの伝記出版のふさわしい理由ではありません。私たちが今生きている世界は東と西、北と南が、緊密で実りをもたらす交わりにある一方で、多くの場合摩擦にも満ちた交わりの中にあります。このような世界の中で、宗教には特別に重要な役割が課せられるでしょう。諸宗教は対話や協調に努めることができますし、真逆に作用することもできます。対話がうまくいくための初めの重要な一歩は他の宗教を知ることです。この意味では、欧米の宗教史に最も重要な刻印を刻んだ一人であるカルヴァンの伝記は、歴史的、文化的、宗教的な興味のある読者の皆さんにとって、カルヴァンの刻んだプロテスタント主義の本質的な特徴を、見て取るように描いてくれているはずです。カルヴァンに目を向けることは改革派プロテスタントの動機や特徴を特に明快な仕方で照らすからです。そのときに、狭い意味での神学上の教えを越えて、歴史の文脈や文化への影響に注意することが必要です。そうしてのみ、ジュネーヴの宗教改革者による圧倒される影響の歴史を理解できるでしょう。

さいごに、この伝記が、日本にあるキリスト者の方々がご自分たちの信仰をより明らかにし、喜びを強めることの一助になることを願っています。というのもカルヴァンの一生を垣間見ることは、しばしば隠されたままになっているカットグラスの一つひとつの面に光を当てることになるからです。カルヴァンの感受性の強さや感情の豊かさ、神の言葉への熱中――神の言葉を発見することはカルヴァンには魅力的な自己解放の経験でした――、そして故郷フランスの迫害されている兄弟姉妹への差し迫った共感などです。カルヴァンの活動へのより適切な理解が神の言葉の適切な理解をも促しますように。

ハイデルベルクにて　クリストフ・シュトローム

目次

装丁　桂川　潤

カルヴァン——亡命者と生きた改革者

序

改革者・カルヴァンのイメージと実像

すでに一六世紀後半には、改革派プロテスタント教会への反対者は「カルヴァン主義」なるものを口にしたし、信奉者たちを「カルヴァン主義者」と呼んでいた。特に二〇世紀初めのマックス・ヴェーバーやエルンスト・トレルチによって、「カルヴァン主義」という概念は学術的な表現としてもできあがってしまった。カルヴァンが改革派教会の発展に果たした中心的な役割に対する証拠としては、この言葉遣いを評価できるだろう。けれども改革派プロテスタント教会の神学者や神学は一つには括れないので、この「カルヴァン主義」という言い方が的を射ているかどうかは、徹頭徹尾問題にされてよい。ここで取り上げるジュネーヴの改革者は、宗教改革が筋の通った過程を通るために、共に参与した多くの神学者たちの中の一人にすぎない。彼らは、みなスイス、西ヨーロッパ、ドイツ国民の神聖ローマ帝国の一部、南東ヨーロッパ、そしてついには新大陸でも、宗教改革が広がっていくように、あらゆる人間が自分なりの貢献をするよう促した。

ただカルヴァンは、じきにローマの反対者たちから異端者の中でも最も危険な人物とされ、彼の活動と著作は同労者たちの中では最も高く評価された。

奇妙なことにカルヴァンの内容豊かな業績と高い評価とは対照的に、カルヴァンの個人的な生活状態の情報が乏しい。家庭環境、人生初期に受けた精神的な影響、体力や感情のありようについても多くは知られていない。その理由は、何よりもまず、カルヴァン自身が自分の個人的な人生について、きわめて控えめにしか語らなかったことにある。ヴィッテンベルクの改革者であるマルティン・ルターがあらゆる個人的な生活状況について、いろいろな病気による苦労に至るまで、遠慮なく語ったのに対して、カルヴァンは、沈黙を保ち、語るときもむしろ不承不承でさえあった。「自分自身については語りたくない。君たちがもはや沈黙させてはおかないから、できる限り厚かましくならないように語ろう」と一度書いている（CO 5,389; OS I,460; CStA I/2,357, Zl. 2-5）。やがて有名になったカルヴァンについて、個人史は語られ、書かれたが、ルターの卓上語録に相当する情報源が欠けている。親しい友人や、共に闘っている人たちに宛てた個々の手紙でだけ、カルヴァンは自分の心を開き、この世での自分の苦しみについて描いている。こうした時は、短くても晴れやかになれる瞬間であったが、その他の場合は、カルヴァンは自分の人となりを事柄の背後に完全に押しやろうとした。カルヴァンは個人崇拝の出発点に成り得るであろう墓所の場所が明らかになることさえも望まなかった。こうしてカルヴァンは、ジュネーヴの入り口にあるプレンパレ墓地に、墓石なしに埋葬されている。

ルターが一八八三年に生誕四〇〇年を迎えて、多くの大きな記念碑建設により評価されたのに倣って、カルヴァンも生誕四〇〇年の一九〇九年になりようやく、記念すべき場所をもつべきではないかとの集中的な議論が始まった。結局、決定したのは、表現の仕方としては、カルヴァンという人間を中心にするような記念碑ではなく、カルヴァンや、ジュネーヴから始まった宗教改革の政治上の影響をテーマとする記念碑だ。ジュネーヴ大学の昔の講堂の向かいにある宗教改革の壁には、カルヴァンを真ん中に、共に闘ったギヨーム・ファレル、ジョン・ノックス、テオドール・ド・ベーズがおり、彼ら以外に、カルヴァン主義と結びついていた政治的指導者たちの像もある。それらの間に八枚の大きなレリーフがあり、カルヴァン主義が形を取り、発展して起こった近代初期の自由解放の歴史の個々のシーンが彫られた。それらのレリーフのモチーフには、一五九八年四月一三日のナントの勅令の署名や一五八一年のデン・ハーグのオランダの三部会による独立宣言受託がある。

カルヴァンの個人的な境遇に目を向けるならば、どんなに割り引いたとしても、スイス、フランス、スコットランド、やがては神聖ローマ帝国との宗教的・政治的な葛藤の中に生きた一人の人間の一生があらわになっている。カルヴァンの反対者はカルヴァンの人格の評判を落とそうとしてきた。初期の段階ですでに噂が広められた。カルヴァンは結婚の失敗が成したもの、あるいは同性愛者であったために目立っているというのだ。一時的には宗教改革の信奉者だった著述家たちが、特に批判的な描写を引っさげて登場した。医者で元カルメル会修道士のジェローム・ボルセックは一五五〇年代にカルヴァンと予定説について激しい議論になったのだが、一五七七年に聖人伝に抗する徴候をすべて備えているようなカルヴァンの伝記を書いた。カルヴァンは、地上で類を見ないような「うぬぼれの強い」「不遜な」「名誉欲の強い」「貪欲」な、つまりはおろかな人間として書かれた（Bolsec 1580, Blat B3v を参照）。すでに父親からして「極めて程度の悪い、神の冒瀆者」であり、カルヴァン自身も若い時代に「ソドムの習癖」に染まり、ただ司教が温厚だったために処刑されなかったのだという（Bolsec 1580, Bl. C3r）。教派化時代の議論は、カルヴァンの人生の初期の記述に関して著しい尺度で影響を与えた。一六〇五年にはやはり一時期宗教改革の信奉者であった、判事のフロリモン・ド・レモンが『異端誕生の歴史』（*L'histoire de la naissance de l'hérésie*）という題で、カルヴァンを「フランスのルター」であり、有害な間違った教えの、最も危険な代表者として描いている。レモンは、カルヴァンの人生の重要な過程についての決定的な解釈に星占いをすら使った。この男の誕生日は「われわれの長く続いた悲惨の始まり」であったというのだ（de Raemond 1618,878-881 を参照）。

もちろん、カルヴァンの同労者や弟子たちは、広められている攻撃に抗してカルヴァンの威信を守ろうとはした。カルヴァンの死後三か月経った一五六四年八月一九日には、テオドール・ド・ベーズが、多くのカルヴァンの伝記の最初のものを発刊した。タイトルからしてすでに弁明するという関心が現れている。その理由は、この仕事がカルヴァンの経歴を示すものだけではなく、カルヴァンの敬虔で確かな信仰をもった死を描写することでもあったからだ（«l'histoire de la vie et mort», CO 21,1-172, bes.5-8を参照)。ジュネーヴのカルヴァンに近い、もう一人の協力者ニコラ・コラドンは、ド・ベーズの描写をすでに一五六五年に伝記の個々の記述で補った。ここではカルヴァンはキリストの事柄についてたゆまない戦士として、正しい光の中に置かれているが、あらゆる「弁明」がまぬがれないように、聖人伝の傾向の枠を越えていない。

カルヴァンの評価について、見解が並外れて対立している状況は、今日まで続いている。今日では、もはや見解の違いが教派の違いから来てはいないが、カルヴァンは二〇世紀でさえ厳しく批判された。その批判を誘ったのは、何はさておき、筋の通った宗教改革への要望と結びついて起こった社会的帰結である。というのは、キリスト教共同体を聖書の法に従って形作ることは、近代初期では圧倒的に魅力があり、教派が形成されていく精神とも沿っていたのだが、個人の信仰と良心の自由という現代の考え方とは衝突しなければならなかった。こうして、シュテファン・ツヴァイクは、一九三六年の小説の処女作『カルヴァンに抗するカステリョ――暴力に抗する良心』で、国家社会主義の暴力支配の自分の経験から、カルヴァンを精神と良心の圧制者の象徴的人間として様式化した。他方で、カルヴァンとカルヴァン主義の圧倒的な創造的な力が承認されている。カルヴァン主義に刻印された知覚と態度の典型は、資本主義経済の形だけを促進したのではなく、西欧文明の世との関わりで特徴となっている、ある種の合理性へ決定的に寄与したとさえいう。また、近代自然科学、歴史的・批評的聖書学、民主主義の前史、専制君主支配へ抵抗権の基礎の成立という分野でカルヴァンの教えの独特な寄与が確認された。

かたや聖人伝のようであったり、かたや誹謗中傷に満ちた描写であったりと、相反する傾向は、カルヴァンの人格や人生の道のりの人目を引く矛盾によっても助長された。すなわち、一方では一生涯ずっと、さまざまな種類の病気と闘わざるを得なかった不健康な人間を見る。他方ではカルヴァンは、死ぬまで非凡な精神的強靱さを示し、最後の日々に至るまで、法外に課せられた仕事をこなし続けた。激しい頭痛や他の肉体的な苦痛に打ちのめされながら、宗教改革の職務の一つである著述活動を、最後は寝床でも口述して続けた。一方ではカルヴァンは自分を自分の仕事の背後に引き込ませることに全努力を向けたが、性急、神経過敏、怒りというものが二回に一度は自分の計画を台無しにした。一方でカルヴァンは自らを「引っ込み思案で、おとなしく、気が弱い」と見ているが（CO 31,26; CO 21,43 を参照）、他方では、おおよそ争いを好み、大層な攻撃に対して妥協なく、しばしば自分の立場を主張した。一方では私たちはわずかにしか残っていない肖像画で、著作と同じように自分と他人を力の限界まで規律を要求する人間に向かい合うが、他方でこの人は、死が愛する連れ合いを自分から引き割いたときには、親しい友人に向かって、感動的に、自分の内面の困難と絶望感を明らかにし得た（本書七二頁以下を参照）。

教会に支配されていた封建世界の一部、ノワイヨン市の司教座教会の陰の中で育ったのだが、その後の人生の舞台はことごとく都市であった。知的、政治的、経済的生活の中心であり、同時に近代の始まりの大変革の中心となった都市であった。最も厳格で、神学的には最も保守的な、パリのコレージュで教育を受け始めたにもかかわらず、カルヴァンは、新しい人文主義的な法学の中心地となった二つの大学で法科を修めた。カルヴァンは人文主義運動の熱心な信奉者として知的活動を始め、その影響は生涯を通じて彼の改革者としての活動に刻印されて残った。同時にまさに彼自身が、人文主義的で、改革的なカトリックを目指す同行者に抗して、断固として一線を画するよう呼びかけた。

カルヴァンの業績は「教皇主義者」への鋭い、論争的な断絶で満ちている。同時に、例えば一五四一年の『短い聖餐論』（CO 5,429-460; OS 1,503-530; CStA 1/2,442-493）のように、エキュメニカルな精神でプロテスタント陣営の対立の克服のために運動することもできる。最初から、カルヴァンはどのような種類の煽動主義とも袂を分かっていて、常に権威や階級的な生活状況が当然に通用することに、重い意味を示していた。同時に、他の少数者と同様に、深いところで崩壊していく近代初期のフランス王国の変化に寄与することになった。一生を通じて熱心に強調したのは、天の世界がキリスト者のまことの故郷であるということだ。しかし明らかに苦しんだのは、亡命者として故郷を遠く離れて生きなければならなかったことだ。カルヴァンは二五歳から、信仰が理由で迫害された難民であった。同時にカルヴァンは、自分の改革のすべての計画の結果、迫害されたのだし、逸脱、自由、間違った教えによるあらゆる種類の危険に抗して自らを弁明した。

カルヴァンの伝記は、彼の人格と人生行路を特徴付けている緊張から解かれることはありえず、その緊張をより浮き彫りにし、説明しようとしなければならない。カルヴァンには、自身の人生の情報を与えることへの嫌悪があり、子ども時代や青年時代の家庭の事情についての資料が不足しているので、ただ一つ可能な道筋が残っているのみだ。つまり、弟子たち、学生たち、関わりのある他の改革者たちに刻まれている影響を再現することであり、それを一六世紀の教会と政治的共同体の前に置かれていた独特の要請と関わらせることだ。このやり方によってのみカルヴァンの改革者としての活動がもった影響力をも理解できよう。カルヴァンは変革期の世界の矛盾が反映している改革者であった。彼は、時代精神が特に明らかに現れている人格の一つであった。

変革期の世界

カルヴァンの改革者としての活動は、深いところで変化する時代になされている。フランス王国では、本質的に人のつながりに基礎を置いている中世身分社会の秩序から、近代初期の領邦国家への変化がたけなわだった。フランス王フランソワ一世（在位一五一五―四七）はパリへ権力集中を進めることができたし、王冠の及ぶ土地を相当に拡大することができた。租税制度の改革により、収入を格段に増やし、その治世中に農民への税は倍増し、塩への消費税は三倍になった。彼が提案した建築事業は権力の主張を強調するものだ。官位貴族（noblesse de robe）の昔ながらの特権と保護を廃止して、自分の支配を実行する官僚を創設した。一五三九年には、すべての裁判所判例と書類をフランス語で作成しなければならないことを見越した勅令が布告された。すでに一五一六年には、この王は教皇と政教条約を結んでいて、フランス王国内の教会への広範囲の権利、とりわけ司教の指名権を確実なものにし、教会財産への手出しを簡単にできるようにした。

王の近代化の努力は、教会の中の伝統保護者たちとの摩擦を導き出した。行政の拡充と租税制度組織の形成にみられる国家の支配能力の向上は、民法教育を受けたが求められることを意味した。聖職者だけでなく、法律家も発展の担い手であったのだ。知的な世論指導は聖職者たちから法律家たちへ手渡された。それは、例えば個人所有の図書館の規模から推し量られる。ソルボンヌの神学者たちはこの進展を批判的に見ており、パリの法律家養成は教会法により刻印されたままであり続けるようあくまでも主張した。とりわけ、三つの古典語学習に費やすことを旨とする人文主義精神の固有の教育機関を要請することは、抵抗に遭うこととなった。後のフランス学院に至った「王立学院」(lecteurs royaux)を造る原動力は法律家であり、人文主義者であったギヨーム・ビュデであった。ソルボンヌの神学者たちは、聖書の解釈に原語の知識が必要であるという「異端的」理解に抵抗した。王は、このような論争にあって限定付きでのみ人文主義者たちの側に身を置いたが、同時に人文主義のさまざまな要請を許可した。

人文主義の動きは、フランスでは大変多様な方向で更に進行していった。ビュデはロッテルダムのエラスムスのように留まった。すなわち、初代教会を目指した「キリスト教哲学」(philosophia christiana)のプログラムによって教会を改革しようとして、最後の最後までローマ・カトリック教会の忠実な一員であった。ジャック・ルフェーブル・デタープルは批判的改革者よりも明らかに強烈に登場した。もともとは、まだ腐敗以前の、中世のスコラ的な余計な負荷から解かれたアリストテレスの再発見で成果を現し、イタリアのプラトン・ルネサンスの影響を受けて、新プラトン主義の神秘を理解しようとした。後期の仕事は聖書本文の文献学的な仕事により決定づけられる。それは詩編本文の校訂版を作成することから、フランス語訳聖書、そしてパウロ書簡の註解にまで及ぶ。神秘主義の遺産を受け継いで、聖書本文の霊的な意味を強調したり、パウロ的なキリスト中心主義（Christzentrik）により、多くの教会内の人文主義の改革者たちに刺激を与えた。

フランスの人文主義で詩人のフランソワ・ラブレーがまったく異なる方向にいる。この手の人文主義者たちは、自分たちをキリスト教に敵対しているとは自覚しておらず、逆に人文主義の精神により形作られる自由な社会の理想を奉じていた。だからラブレーの作品には、古典古代の遺産である多神教の要素を除去する努力はまったく見られない。むしろ多神教的要素は、たとえそれがキリスト教の教えと矛盾していたとしても、幾重にも享楽的、毒舌的に展開されている。

カルヴァンはこれら三人のフランス人文主義の代表者たちと特別な関係を持っていた。ビュデは人文主義と宗教改革が分離していく過程で、称賛すべき模範から反対者となった。デタープルとは、一五三六年に彼の死の前に個人的に出会うこととなった。そこで年長者は、若き宗教改革者がまさしく行おうとしていた、教皇の教会からの明らかな別離の歩を進めることを奨励した。改革者の目には、ラブレーは、決然と戦うに値する、信仰を失った人文主義の例としてあった（CO 8,44f.; OS 2,201f. を参照）。一五五〇年に完成した『躓きについて』（*De scandalis*）（CO 8,6-84; OS 2,162-240 を参照）では、カルヴァンはラブレーのような人文主義者を想定している。彼らは神を嘲り、福音書を見くびったときにはじめて教養ある者とされるのである。

それ以前にカルヴァンは、自分もまた最初はそうであったように、教皇の教会の内部での改革を目指して努力していた人文主義者たちと議論をしていた。人文主義的に熟考していた改革者たちの指導者で後援者であったのは、すでに一五二一年に自分の司教区で改革を行おうとしていたモーの司教ギヨーム・ブリソネであった。その協力者には、とりわけ二〇年代の初めにすでに改革者の思想を知ったジェラール・ルッセルがいた。モーの福音主義的な改革を試案していたグループは、一五二七年からナヴァラ王妃であったマルグリット・ダングレムは王の姉妹であったが、彼女から支援を得ており、限定付きではあったが、王自身からも支援を得ていた。フランソワ一世が皇帝カール五世に敗北し、捕虜に陥ったときには、ルッセルもルフェーブル・デタープルもソルボンヌの神学者の弾劾の前からシュトラスブルクへと逃亡した。一年後にルッセルはマルグリットの宮廷付説教師となり、それから五〇年代に至るまで、南フランスで司教として働いた。

人文主義に刻印されたフランスの改革者たちの集団には、ルターの改革的思想はすでに早いうちから受け入れられていた。一五二一年三月のソルボンヌによる即座の有罪判決も、ルターの文書が一五二四年以来フランス語に翻訳されたり、広まっていくことを、遅滞させたとしても、妨げることはできなかった。ドイツ国民の神聖ローマ帝国では、ルターの宗教改革は、多くの帝国都市や領邦で即座に勝利していった。それは世俗の長としての権限が教会のさまざまな事柄にあってでも拡大していくことへの、市参事会や領邦君主の関心と結びついていたからだ。それに反して、王がすでに教会への広範囲な介入をすることができていたフランス王国では、領土も諸都市も国家行政の部局としては脱落していた。

神聖ローマ帝国と同様に、フランスでも、教会内改革を越えて出て決定的な変化をせき立てた宗教改革の成果は、中世後期の教会の基礎的な構造の問題からもたらされた。教会は一番大きな大土地所有者として、封建制秩序の一部であった。教会は近代初期の領邦国家の発展を妨げていた。というのも領邦国家では全住民へのすべての上に立つ権限は唯一の支配力の手にあったからだ。そのうえ、救いの仲介に関する中世後期のシステムは、本質的に司祭の職にある者たちの際立った位置にかかっていた。なぜならば、彼らは決定的な救いを運ぶ手段を造り上げるサクラメントを与える者たちであったからだ。知識階級が社会の指導的立場へと上ってくるのを目の前にして、自負を持つ市民が形成されてくるのを目の前にして、さまざまな意味で無教養な、この世の楽しみを享受している司祭たちは下卑ていた。そして最終的にはサクラメントによる救いの提供は、魔術的で物質的な傾向を持つに至り、完全に根本から妥当性を失うことになった。これはまず、教育に手の届いた人たち、聖書の本文を自分で読みたいという欲求を発展させた人たちの間で起こった。確実に、聞いたり、理解することを抜きにした救いへの道や、神を世俗的人間的なものと混同するよう脅すような話は段々と障害を起こさざるを得なかった。とりわけ、宗教的崇拝が聖書の精神に反して、聖人崇拝あるいは聖人への嘆願、常軌を逸脱した聖遺物礼拝の形を取って、この世の人や物に向いていたときには。フランスの宗教改革の範囲で、カルヴァンのように言葉強く、妥協なく、効果的に、これらの弊害に対して根本的な批判をした者は他に誰もいなかった。一五四三年に始めて印刷された小冊子『聖遺物について』（CO 6,405-452 を参照）は、このテーマに捧げられているが、カルヴァンの最も頻繁に版を重ねた文書となったことは偶然ではない（一六二二年までに二〇版を重ねた）。

1 「司教座教会の陰で」

――子ども時代と青年時代

ジャン・コーヴァン――ジャン・カルヴァンのまだラテン語化していないもともとの名前――は、一五〇九年七月一〇日にピカルディー地方の小さな町ノワイヨンで生まれた。パリから北へ一〇〇キロメートル弱のところにあるノワイヨンは、ヴェルマンドワ伯爵領の司教座があり、この地方一帯の穀物取引の中心だった。この町は、司教の存在と幾世紀もの間に育まれた教会生活で特徴づけられていた。カール五世の治世以来ノワイヨンは、北フランスの教会の中心地に発展していった。カルヴァンの父であるジラール・コーヴァンはこの地方の河川運輸と手工業の家庭出身だった。一四八一年からノワイヨンに住んでおり一四九七年に市民権を獲得することができた。初めは、ただの官房官僚でそれから司教の裁判所の弁護士、司教の秘書と昇進し、ついには教皇庁の公証人で司教座教会参事会の査察官（Promotor）となった。このような出世は、自分自身の不撓不屈の仕事ぶり、特に法的、経済的能力によっているが、とりわけ一五〇一年以来ノワイヨンの司教であるシャルル・ダンゲストと、一五二五年からはその後継者として働いていた甥のジャン・ダンゲストの保護によった。数十年にわたる聖職者たちとの共同作業の末、ある相続の取り扱いをめぐって対立が生じた。この結果は父親の破門をもたらし、一五三一年の死後、父親をキリスト教徒として埋葬するために努力を必要とすることとなった。何に関する論争であったかはもはや確実に再構成できない。教派的な敵愾心にそまった後代の記録を見ると、あまりにも多くの債務による法外な代金請求のせいで経済的損失があったか、着服へ非難が挙がったかが考えられる。

若きジャン・カルヴァンはカトリック聖職者に定められた世界で、いわば「司教座教会の陰で」（ジャン・カディエ）成長している。中世後期の、教会生活の誤った方向への進展により、彼自身じきに益を得た。一五二一年の春に一二歳で、最初の教会禄を得た、それはノワイヨン司教座教会の祭壇「ラ・ジェシンヌ」での奉仕に関わる収入の四分の一だった。一五二七年にはノワイヨンから四〇キロメートルほど離れたマルテヴィルの聖マルティン教会の牧師職の収入が加わった。二年後にはこの俸禄の代わりにポン・レヴェックの教会禄を得た。これらすべての収入は習慣どおりに、カルヴァンが何かの聖職者としての職務を行うことなしに生じた。彼の場合には教会禄は、少々過小評価していうならば、ある種の教会奨学金のようなもので、彼の父が用意したものだった。

父についての情報がすでに極端に少なく、母についてもカルヴァン自身の口からは実際何も知ることはできない。ジャンヌ・ル・フランはカンブレ出身の、もともとは宿屋経営者で、成功した商人の娘であり、一人の美しく、所望される婦人であったに違いない。少ない記録により、母として真剣に子どもたちを教会の敬虔の伝統的なやり方で育てた姿が示されている。カルヴァンは後に、母と一緒にノワイヨンのオルカンプの僧院を訪ねたことを次のように思い起こしている。小さな少年として、彼はそこで数百箇所にものぼるあらゆる場所に分散し、保存されている聖アンナの遺物のかけらに接吻した（CO 6,442 を参照）。彼女はジャンの他に、更に三人の息子を産んでいる。長男はシャルルと言い、司祭となって、同じく宗教改革に与したようである。なぜなら一五三七年に破門されており、教会の秘蹟を求めることなしに死んだからだ。アントワーヌは、後に改革者の兄をジュネーヴに追って、そこで妻の不快な生の遍歴に苦しんだ。三番目の兄弟フランソワは若くして死んだ。母もまたすでに一五一五年に死んだが、父がすぐに再婚したので、もう二人の義理の姉妹が加わった。一人はマリーで、同じくジュネーヴに向かったが、二人目については名前さえ分かっていない。

ジャンは六歳で自分の母親を失った。これは一六世紀の生活条件のもとでさえ、少年にとって深刻な経験であったことは、明らかだ。カルヴァンが、自分の母親について語ったり書いたり決してしなかったことは、この重大な喪失の抑圧を示唆しているかもしれない。またここに、後の自分自身に対する特徴的な厳しさへの出発点を見ることができるかもしれない。デュニ・クルーゼは、最近出版されたカルヴァンの伝記『並行する人生』（*Vies parallèles*）で、トラウマとして感じられた母親の早期喪失をカルヴァンの神学を解釈するための鍵としている。カルヴァン自身の理解では、回心していない人間の存在は、不安や、不確定さの基礎感情により特徴づけられる。クルーゼはこの理解に母親の早期喪失という経験と、父親の早期再婚によりそのことを過小評価したことの影を見る。カルヴァンによれば解放として表現される回心の後にも、彼の神学は深いところでこのような抑圧された不安との戦いや不確実さに刻印されているというのだ。文書に残された証拠も欠けているし、その名前さえも知られていないように、義母についての情報はまったく欠けているので、このような解釈は、推測に留まらざるを得ない。

これとは逆に証明可能なのは、司教の家族であるダンゲストの息子たちと一緒だった学校生活がカルヴァンに与えた強い影響だ。父は、自分の息子に、このような教育可能性を開くため、司教や司教座教会参事会員たちとの良い関係を利用した。カルヴァンは、若いときの学生仲間であり、司教の兄弟でモンモル領主であったルイ・ダンゲストの息子たちであるヨアシムとイヴと、またもう一人の兄弟クロードとは一五二三年以来のパリでの学生時代にも交流があった。カルヴァンが最初の著作であるセネカの著書『寛容論』の註解を出版したときに、このクロード・ダンゲストに献呈している。カルヴァンの学問の最初の成果は、もっともな理由で彼に捧げられている。

今の私であること、私が所有しているものすべてを君に負っているからというだけでなく、それ以上に僕が君たちの家で息子として育ち、君と一緒に学びへと導かれたこと、君たちの高貴な家族の中で知識と礼儀作法の最初の手ほどきを受けたことを返すためだ（CO 5,8）。

さらに二五年以上も後でも、カルヴァンは、ダンゲスト＝モンモル家との近い関係を思い出している（CO 12,586f. を参照）。教会規則と従来の教会を転覆させる活動に見られるあらゆる民主的な傾向にもかかわらず、カルヴァンの仕事を特徴づける貴族的傾向とヒエラルキーへの著しい性向をこのような初期の環境に帰すことは、まったく当を得ている。

2　パリでの基礎過程の学び
――スコラ学と教会の正統信仰

ノワイヨンのコレージュ・デ・カペットでのラテン語授業の後一五二三年に、カルヴァンは学びを続けるために一四歳でパリに送られた。一五二一年以来教会禄を得ていることを根拠に、また若きカルヴァンのまれに見る精神的成熟に鑑みて、ある伝記はパリへの移転を一五二〇／二一年に繰り上げている（Parker 1976, 157f.）。しかし、この年代決定では、父が一五二三年に、「一〇月一日までには息子をノワイヨンから送り出す」ことを司教座聖堂参事会に丁重に願い出た理由を説明できない。カルヴァンはパリで、初めは鍛冶屋をしていた父の兄弟のもと、サンジェルマン・ロクセロアのあたりに住んだ。その時に最初の授業をしてくれた教師について、カルヴァンは後に大変否定的に語っている（CO 13,525; Schwarz 2,511）。コレージュ・ド・ラ・マルシェではすぐに当時の一流の教育者の一人であるラテン語学者のマチュラン・コルディエの聴講生となった。この人は、短い中断を除けば、最後の日々までカルヴァンの改革者の歩みに付き添い、ジュネーヴとローザンヌの学校や大学を共に組織化すべき人であった。テサロニケの信徒への手紙一の註解書の献呈の辞で、カルヴァンは一五五〇年に、三〇年弱前のことをこう書いている。

私を、初めてラテン語学習の基礎を学ぶ少年として、父がパリを送り出したときに、神の摂理により、あなたが私に教師として与えられ、その後学びに進展をもたらす、良い学びをすることができました。……本当にあなたの講義は大変に私を助けてくれたので、その後の私の学びの進展は、当然のことですが、あなたのおかげです（CO 13,525f.; Schwarz 2,511）。

カルヴァンはコルディエの手引きで学問の初めの一歩を踏むことができ、神の教会の益になることができたと、感謝をもって思い起こしている。カルヴァンが一五三六年に校長としてジュネーヴに招聘したコルディエは（CO 21,349を参照）、ほんの短い間しかカルヴァンを教えなかったとしても、後の「著述家カルヴァン」の卓越したラテン語の重要な基礎を築いたと言えよう。

理由は不明だが、一五二三年末か一五二四年頭にカルヴァンは、著名であるが、悪名も高かったコレージュ・モンテーギュに転校した。一五世紀末頃にヤン・スタンドンクは、そこで、「共生の兄弟」という改革精神を持ち込んでいた。そこはカルヴァンの時代には、正統派の牙城、改革への敵、また残酷ぎりぎりの清貧の象徴としてあった。スタンドンクの後継者は、ノエル・ベディエで、一六世紀の二〇年代にはルターの教説に鋭く違いを際だたせるソルボンヌの原動力の代表だった。カルヴァンが学んだ時代には、彼はソルボンヌの神学部のみならず、コレージュ・

モンテーギュにあっても、先鋭な反宗教改革の精神を育成したにちがいない。ここには、この時代に(一五一四—一五二八)学生たちを容赦なく体罰を与えた校長ピエール・タンペートがいた。

異なった時代であるが、コレージュ・モンテーギュで学んだロッテルダムのエラスムスとラブレーは、まったく同じ調子で、そこで行われていた教育のスタイルと内容に関して、辛辣な批判をしている。この二人の人文主義者の否定的評価は、人文主義的宗教改革運動にまったく余地を与えなかったスコラ学の絶対的な支配のせいではない。特徴的なことだが、カルヴァンは、そこで体験した教育について、どこにあっても否定的に語らなかった。見たところ、カルヴァンは勤勉な生徒として、通常の厳しい体罰を誰の下でも蒙ることはなかった。むしろ厳しく、要求の高い教育により益を受けた。カルヴァンが三〇年代初めまで改革的な思想の所産へはっきりと距離をとったのは、ここコレージュ・モンテーギュで習い覚えたのではないか。自分が宗教改革に対して頑強な反対者であったと人生初期の年代について思い起こして書いていることがそれを示している(CO 31,21; Schwarz 3,896 を参照)。

また、スコラ学についてのカルヴァンの知識、特にアウグスティヌスと他の教父への知識の基礎はこの時代に据えられたのであろう。ド・ベーズは、カルヴァンの弁証法の教師の一人に、スペイン人アントニオ・コロネルを挙げている(CO 21,121 を参照)。内容的に重要なのは、カルヴァンが著名な唯名論的神学者であるジョン・マイル(メイジャー)を教師としていたかどうかだ。この人は三〇年代の初めまで、中断はあったが、コレージュ・モンテーギュで教えており、カルヴァンの後の偉大な敵対者イグナティウス・ロヨラを教えていた。マイルはペトルス・ロンバルドゥスの命題集を、イギリスの後期スコラ学者のウィリアム・オッカムに対応して解釈しており、改革者ヤン・フスやマルティン・ルターの教えと袂を分かつことで一致していた。カルヴァンとマイルの共通点、すなわち神の無限と神の恵みの意志をオッカムのように強調することや、個々の信仰の強調と同様に著しい予定の考えは、彼の影響を示していると言えるかもしれないが、明快な結論を引いてくるのはあまりにも一般化しすぎだ。カルヴァンはどこにもマイルを教師として挙げていない。

初期の伝記作者であるド・ベーズとコラドンは、二人とも、カルヴァンがすでにこの初期の学生時代に教皇主義の迷信に背を向けたと報告している。これを支持する根拠はカルヴァンがすでに当時従兄弟のロベール・オリヴェタンと接触があったことだ。オリヴェタンは、プロテスタント信仰のゆえに一五二八年にシュトラスブルクに亡命しなければならなかった。一方、反する根拠は、一五三二年に至るまで、どこにも改革主義の思想の表出を自分の著書に見出させないことだ。

3　オルレアンとブルージュでの法律の学び

――人文主義的法学への旅立ち

一五二八年以前にコレージュ・モンテーギュでの哲学の基礎過程の最後の頃、召命という視野での変化が訪れた。それまでカルヴァンは、父の意志にも添い、司教座教会参事会の意志にも添って神学を学ぶ予定だった。それはまた明らかに若きカルヴァンの傾向と知的能力にも対応していた（CO 21,57を参照）。一五二九年四月に彼は文学修士として認められているのだが、一五二八年初めにあるいは一五二七年末にすでに、オルレアン大学の法科に転科している。父親が自分の見解を変えて、法学に採算の取れる職業的な可能性を期待したのだ。カルヴァンは三〇年後でこの件について報告している。

すでに私の少年時代から私の父は私に神学を学ばせることにしていた。しかし後になって、法学が、学生に良い収入をもたらすことが明らかになったときに、このような望みにより動かされ、すぐに意見を変えた。私が哲学の学びから法律の学びへと呼び出されたのはこのような事情による……（CO 31,21）。

おそらく、この意見の変化には、父親と司教座教会参事会との軋轢が影響している。しかし初期の伝記作者たちは、計画されていた神学の学びからの方向転換は、オリヴェタンとの接触の帰結で、ローマの「迷信」からの離反の現れだと示唆している（CO 21,29.54.121 を参照）。

オルレアン大学での学びにより、また一五二九年夏以来一時的にブルージュで、カルヴァンは、将来のヨーロッパの基礎について考え抜かれるような世界に踏み入ったが、それは他にはほんのわずかな場所でのみ可能であった。この二つの大学の飛躍は、ソルボンヌの神学者たちが嫉妬深く伝統的なスコラ学の権威にこだわっていたという事情によっていた。ソルボンヌでは、法学部でも教育が教会法の線で大半を占めるように厳しく考慮された。それに対して、オルレアン大学、とりわけブルージュ大学は、初めから市民法を専門にする対案的な教育場所として構想された。特に一四六三年に初めて創立したブルージュ大学はカルヴァンの学生時代にまさに、フランスの人文主義的法学の中心と発展していた。一六世紀の六〇年代には、オルレアン大学と、特にブルージュ大学はドイツ人法学生が外国で学ぶ主たる留学先になった。それ以前にはイタリアのボローニャ大学とパドゥア大学がそれにあたっていた。しかしながら七〇年代の初めには、フランスでの教派戦争が激化したので、フランス法学の飛躍はじきに再び突然の終わりを迎えた。

一五二九年から短期間ではあったが、ブルージュでは、人文主義の目標が法学の領域に貫通することを目指す運動の指導者の一人が、イタリア人のアンドレア・アルチアトと一緒に教えた。またオルレアンでは、一六世紀の初めの二〇年間に、市民法典成立史に関する画期的な研究が仕上がる以前に、そこで法律を学んだギヨーム・ビュデの遺産が保たれていた。彼の研究はローマ法文書への新しい理解方法で、法の成立と歴史的文脈を問うものだった。文書の意味を、特に古典時代の法学者の書が集められた『学説集成』をよりよく理解するために、広範囲に古典ローマの文献、ここでは特にキケロが引き合いに出された。

ローマ法を哲学的・歴史的手段の助けを借りて解説する努力は人文主義法律家の仕事の一つの中心点であった。人文主義法律家の二つ目の中心点は、ローマ法の倫理の次元を把握することだった。哲学は法の源であり、法学自体は倫理哲学の一部として見られていた。法と道徳、義の本質や法の性質についての問題を議論することは、まさに人文主義法学の特徴としてあげられよう。法学の学びの改革提案には、この特徴から倫理学が卓越した位置を得た。

法学を倫理哲学の文脈、あるいは倫理の文脈で理解する努力は本質的に教育上の理由があった。同じく教育上の動機づけがあるのは、ローマ法の基礎概念と基礎の考えを取り出すという人文主義法学の第三の興味だ。新しい教え方である、「フランス風」の目的は、学生に、伝統的な教え方「イタリア風」の持つむやみに細かい区別や非常に詳しい註解を省き、個々の文書の詳細な説明の代わりに包括的な概論を提供することだった。学生はローマ法の基本思想を理解するようにと指導されるべきなのだ。中世の解釈と教えが厳密に権威ある法源の構成に添っていたのに対して、いまや一つの規則の体系的にふさわしい場所を問うことになった。法学講義の章立てにとって、もはや扱われる資料が決定的なのではなく、事柄の関係、あるいは体系が決定的となった。

カルヴァンは非常な熱意をもって法学を修めた。カルヴァンは最優秀者の一人であり、すぐにオルレアン大学は博士号を与えた。すでに幾重にも講義を受け持っていたからである（CO 21,54を参照）。ド・ベーズの報告によれば、カルヴァンは夜中まで学び、すでに翌日早朝には暗記していた。より学びに集中して専心することができるようにと、定期的に食事をあきらめていた。すでに初期の伝記作家がカルヴァンの後の健康上の問題や早すぎる死さえも、このようなライフスタイルがもたらした著しい衰弱に帰している（CO 21,122を参照）。

オルレアン大学の法学教授たちの中で、ピエール・ド・レトワール（ラテン語名ペトルス・ステラでも知られている）は卓越した存在だった。ビュデから影響を受けたこの民法学者は一五一二年以来、一五三一年に最高裁判所である「議会」の成員としてパリに任用されるまで、オルレアンで教えた。ド・レトワールは、ビュデがオルレアンに築いた人文主義の法学を穏健なやり方で推進した。あらゆる急進主義に好意を抱いていないこの男は、また教会的・神学的にも保守的であり、宗教改革の反対者であった。妻の死後は修道僧となった。それにもかかわらず、カルヴァンは自分の先生を最高の調子で賞賛している。「法の問題についての鋭い洞察、巧みさ、また教養において」大変に豊かに才能が与えられており、今日、彼と比べることができるものは誰もいない（CO 9,785; Schwarz 1,25）。

このような判断はカルヴァンの学生仲間のニコラ・ドゥシュマンが一五三一年にアルチアト信奉者に抗して弁護した書物のまえがきに見られる。この争いでカルヴァンは、まえがきとこの書の印刷を世話することで自分の先生へ添う立場を取った。債務法と相続法の大変特殊な問題のみ議論されていたので、議論の内容は、基本的にはまったく二次的な問題であった。しかし、この争いは一種注目を引き起こした。自負を持ったイタリア人アルチアトか、あるいは新しい教授法である「フランス風」という人文主義の成果を法学にもたらすことができたフランスの法の教師ビュデとその穏健な後継者であるド・レトワールか、どちらが賞賛を得ることができるかという論争となったからだ。

後にカルヴァンの態度決定から広範囲な結果がもたらされた。ここではド・レトワールは、伝統的なスコラ的法学の弁護者の態度をとり、このことはカルヴァンの神学の権威主義な線と、聖書の権威にもとづいて固められた聖書理解の重要な背景であった。しかし、偉大なフランスの人文主義者で法学の碩学者ビュデに添おうとするときは、このような態度表明とは対立している。カルヴァンはその直後の一五三二年に印刷されたセネカの『寛容論』についての註解書で、ビュデの『学説集成』への註解を明らかに五回以上は引用している。加えて、カルヴァンがまえがきで弁護の書を向けていた友人のフランソワ・ダニエル、ドゥシュマン、フランソワ・コナンらの、と同様に、オルレアンとブルージュでの法学学習の時代に、カルヴァンが、すでに人文主義の恩恵を受けた信奉者であったことについて、もっと確実な証拠がある。人文主義の法学がそうしていたように、歴史批評的ローマ法の研究により、カルヴァンは聖書本文の権威の問題に対して独特に敏感であった。

カルヴァンは法学の学習のための負担にもかかわらず、大変な努力でギリシア語を学び始めた。彼の教師には、一五二七年以来オルレアン大学で、一五三〇年以来ブルージュ大学で教えていた文献学者で法学者であったメルヒオール・フォルマールがなった。ロットヴァイル出身のこのドイツ人は、早くに宗教改革に参加し、自分の確信を公にしていた。カルヴァンは一五四六年に自著コリントの信徒への手紙二の註解（一五四八年に出版された）を捧げている（CO 12,364f. を参照）。カルヴァンの福音主義への確信に、フォルマールがどの程度影響を与えたかについては、結論できない。カルヴァン自身がそのことについてどこにも情報を与えていないからだ。後になって初めて、一七世紀の初め、鋭く論争的な伝記作者ド・レモンが、「福音主義という異端」へのカルヴァンの傾向に、フォルマールが決定的な役割を果たしたことを認定した（de Raemond 1618, 882f. を参照）。

4　一五三二年のセネカ『寛容論』の註解書
――人文主義の魅惑

一五三一年五月二六日に父親がノワイヨンで死んだ。その直前にカルヴァンはもう一度彼を訪れていた。いまや自分の本来の情熱に自由に従ってよいと感じたカルヴァンは、全面的に古典語の習得に取り組んだ。このことで卓越した場所はパリであり、そこはフランソワ一世が人文主義者ビュデの決定的な影響のもと、「王立学院」(lecteurs royaux) を設立したところだ。威厳に満ちたソルボンヌの気にさわることは、そこには最初ギリシア語とヘブライ語を教える特に優秀な専門家だけがいたということだ。ソルボンヌの神学者たちは、聖書はただギリシア語とヘブライ語の知識によってのみ正しく理解されうるという考え方と戦っていた。だから、カルヴァンはここで初めて、教会の支配的な教えにはっきりと距離を置いた。カルヴァンが一五三一年と一五三二年のいつ頃パリに、いつ頃オルレアンとブルージュにいたのか、もはや知ることはできない。証拠から言えることは、王立学院の講義の一つ、ギリシア語学者のピエール・ダネスのところで講義を聴き、察するにこれらの年に教会禄の他に収入を得るために自分で一つの講義を行っている。

なんといってもすでに言及したセネカの書物『寛容論』（*De clementia*）の註解が、主たる業績である。この仕事により、カルヴァンは人文主義の専門家の世界で名を成し、ふさわしい地位に自薦しようとしていた。すでにここに、何を選んで仕事をすべきかの根拠があったと言って良い。人文主義者ロッテルダムのエラスムスがすでにセネカの新版を出版していたので、若き学者はそれに付け加えて部分的に改訂したことを示そうとした。カルヴァンの註解書は、望んでいたような成功はもたらさなかった。むしろ、手紙で註解書の宣伝をして、同僚にできるだけ多くの部数を売ろうと努力した。

推定されることは、セネカが専制君主ネロに対し支配者の徳としての寛容を勧めたこの書を、プロテスタント迫害を開始していたフランソワ一世に向かって、慎重を呼びかける目的で註解したということだ。そのことに関しても、プロテスタントへのカルヴァンの共感の証拠についても、この書のまえがきあるいは本文の中で何も証拠は見出せない。聖書に啓示された神の言葉への関連も欠けている。これらのことは、そもそも扱われている主題に関連のあるところで起こりうるものだ。この書では、カルヴァンが、一六世紀半ばから西ヨーロッパの精神生活を巻き込んで一六世紀末には新ストア学派の精力的な動きへと流れ入っていたストア・ルネサンスの代表者であることがわかる。いまや人文主義者たちには、アリストテレスがスコラ学者たちにとって最も重要な哲学者であったようではなく、プラトンが最も重要だった。おまけに、古典修辞学を高く評価することでキケロの受容が強まることとなり、その結果ストア学者たちも受容された。特に倫理の問題では彼らは保証人となった。アリストテレスが極端の中庸すなわち最高の徳としての自制を主張したのに対して、ストア学者たちの理想は理性を貫徹することと、完全に激情に左右されないことであった。キケロは熱情をほどほどにしたいということを『トゥスクルム荘対談集』で、岩から落下してから、落下を押しとどめたいという試みにたとえる。セネカ註解書のまえがきで、道徳の問題でのストア学者セネカの時事性を強調した際に、カルヴァンは明確に態度決定している。カルヴァンによれば、セネカは倫理学では他のどの哲学者よりも優れている（CO 5,6f. を参照)。

カルヴァンは三〇年代の初め、宗教改革へ向かう直前に、人文主義運動の諸目的を、熱情をもって書いている。宗教改革への道行きと、宗教改革神学者としてのプロフィールはこれにより根本的に刻印されている。

5　「前触れなしの変化」——宗教改革へ向かう

オルレアン、ブルージュ、パリでの学生時代にカルヴァンは宗教改革の信奉者とのつながりを育んだ。ギリシア語教師のフォルマールはそうした例の一つにすぎない。オルレアンとブルージュでは初期に、ドイツから来た多数の法学生によりプロテスタントの教会が形成された。それらの教会は、またもやフランスでの初期の宗教改革伝播の中心となった。一五三二年四月四日とまえがきに日付のある、セネカの『寛容論』についての註解書の出版までは、カルヴァンの中にプロテスタントの考え方あるいは宗教改革への共感のようなものは見出せない。一五三三／三四年冬に、カルヴァンはパリでのプロテスタント迫害の前に逃げなければならない。このことを通じて、この時期にカルヴァンが二五年後に「学習能力と感受性への前触れなしの変化」と称した変化が起こったことがわかる。

この表現は、一五五七年に出版されたカルヴァンの詩編註解のまえがきに書かれた自伝的回顧に見出される（CO 31,21-24; Schwarz 3,896-898 を参照）。カルヴァンが報告しているのは、父親の意志に従い真剣に法学を修了することに努力したこと、けれども隠れた摂理の力により神が最終的には彼を他の道へと導き戻したことだ。

まず、本当のところ、教皇制度の迷信に大層頑固に関与していたので、この深い深淵から自分自身を裂くのは簡単ではなかった。しかし神はその年頃ではすでに本当にかたくなであった私の心を、前触れなしの変化により、学習能力と感受性（subita conversion ad docilitatem）へと回心させてくださった。まことのプロテスタントの敬虔へのある程度の感覚を得てすぐに、その敬虔の中を前へ進みたいという熱心が燃え上がり、他の学問を、ほったらかしにはしなかったがあまり熱心には行わなかった。初心者である私に、まことの教えが要請するすべてが、学ぶように届いてから一年も経っていなかった（CO 31,21; Schwarz 3,896）。

このような、後になってからの、自伝的発言を説明するには、いくつかの観点が考慮される必要がある。まず第一に このテキストは、あらゆる種類の反対者に抗して自分の権威を通すためのジュネーヴでの長年の戦いという背景で理解されなければならない。その限りでは、カルヴァンは、自分が教会の職に招かれていることの正当性をはっきりと示すことに関心がある。更に、自分の召命とダビデ王のイスラエルの民の指導への召命との比較で自分の経歴を振り返り始める。

また、カルヴァン自身が、いまだにまったくの初心者であるにもかかわらず、時を置かずに、求められて説教者になったことが示しているのは、牧会あるいは説教の職への正統的な召命と資格付与を明確に示したいという興味だ。これに呼応して、前触れのない変化をさえもたらした、神の摂理と業が強調される。この箇所のラテン語 subita は、「突然の」ではなく、「前触れのない」と翻訳されるべきである。なぜなら、カルヴァンが強調するのは、変身が何か自分の私的な事情から有機的に生じたことではなかったということだからだ。変化についてすぐ思いつく突然性というアスペクトを過大評価するべきではない。当時書かれた現存の文書には、それに関して裏付けるような事柄は見つからない。カルヴァンはいつ宗教改革への志向が生じたのか、どのようにその内容を描写できるのかという問いについて誠実に自己観察しようとはしなかったし、それは彼の視野の外にある。

宗教改革へと自分が変化する、あるいは向かっていく内容の広がりは、カルヴァンの論述を特徴づける中心的な矛盾を示している。一面では教皇制度の迷信の深い泥沼があり、他面では転向させられていった学習能力と感受性がある。それは、人文主義者カルヴァンにとって、聖書から把握可能な神の言葉を理解して受け取る用意と能力を意味した。これのみが正しい神礼拝へと導き、迷信という自己中心的な逸脱への対案だ。この矛盾はカルヴァンのすべての神学的な著作に益になるように残っている。迷信の泥沼、それは人間の逸脱への巧妙な表現であるが、そこから人を解放するのは、天の教えにより教えられることだけだ。一五三九年のサドレとの議論の中で、カルヴァンは、この自分を解放する体験に、なぜこんなにも長く、頑固に抵抗していたのかヒントを与えた。このような迷信的な策略を要請していたのは教会への畏敬であったろうと。同じところで、自分自身の内的戦いも一瞥して、清くされた教えが彼をこの良心の危機から解放したことを強調した（CO 5,412; OS 1,485; CStA 1/2,417, Zl. 22-39を参照）。他の箇所では、この時を視野に入れて、救うことのできる教えの風味を味わったときに、教皇制度の闇から自由になり始めたことを語っている（CO 9,51も参照）。

決定的な変化が起こった期間は一五二三年から一五三三年に限定される。なぜならカルヴァンは、自分がまだ駆け出しなのに、すぐにキリスト教の教えの問題に助言を求められたことを報告しているが、それは一五三三年から一五三四年にかけた冬の亡命の前の時期に関わっているからだ。一五三三年八月にカルヴァンは、司教座教会参事会に出席するためにノワイヨンも訪れている。この月は、ほとんどパリに滞在していたのだが、片やジャック・ルフェーブル・デタープルや、王の姉であるマルグリット・ダングレムの宮廷説教者ジェラール・ルッセルの周囲の人文主義者で改革者たち、片やソルボンヌ圏のスコラ的、保守的な輩との先鋭化した議論が起こっている。フランソワ一世は一五三三年の三月から年度末まで首都には滞在していなかった。パリの宮廷の業務はその間に姉が行っていた。彼女の支持で、ルッセルはパリの説教で大きな成果を得たので、ソルボンヌの神学者たちは防衛の先鋭化が要請されていると見た。カルヴァンは一五三三年一〇月に、オルレアンの友人フランソワ・ダニエルにこの出来事について詳細に報告して、この報告を友人たちに転送するように明確に依頼した（CO 10/2,26; Schwarz 1,30）。マルグリット・ダングレムと、彼女の宮廷説教者ルッセルをある劇で嘲笑した学生たちに対して、カルヴァンは激昂して反対する立場を取った。また、ソルボンヌの神学者たちがマルグリットの著書『罪ある魂の鏡』に抗して全力を尽くした検閲を取り消すことにも公然と同意した（CO 10/2,27-30; Schwarz 1,31-33）。カルヴァンはルッセルを「俺たちのジェラール」とさえ称した（CO 10/2,26）。

カルヴァンの友人ニコラ・コップが一五三三年一一月一日の諸聖人の日に行った学長就任演説とそれへの激しい反応は、明確な態度表明への歩みをさらに進めた。慣習に従い、学長はある聖書箇所に関する説教で学期を開始した。カルヴァンの手になるこの演説の断片はカルヴァンがその主たる編者だったことの状況証拠となり得る（CStA 1/1,7-9 に収録されている H. Scholl の論文を参照）。この文書は確かに、人文主義的・改革的考えを示してはいると言えるが、ローマ・カトリック教会との断絶が必ずしもあるわけではない。しかし、カルヴァンが自身の前史について「前触れのない変化」を振り返って報告しているような、迷信の策略への頑固な固辞は、もはや何も認められない。マタイによる福音書五章三―八節までの山上の説教についての説教の最初の部分は、ロッテルダムのエラスムスの考えである、「キリスト教哲学」（philosophia christiana）により強度に刻印されている。それはすべての芸術と学問より優れており、人は神自身からその解放を啓示されているという。これはさらに、ルターから受け継いだ律法と福音の区別へと結びついていく。

律法は神の慈愛について述べているが、ある前提の下においてのみである。つまり律法が履行されるときだ。福音は罪の赦しと義認を無償で約束している。なぜならば、私たちは律法を十分に満たすから神に受け入れられるのではない。ただキリストの約束のみによってだけ神に受け入れられる（CO 10/2,34; OS 1,8; CStA 1/1,19, Zl. 36-41）。

語り口がエラスムスとルターを手本にしていないところでは、当時の論争での立場と明確に関わらせている。最後の両方の山上の説教は福音に文字通りにつかまっている人に祝福が約束されている。現在、義のために迫害を脅かされているとしても。

この世と悪人たちは、自分の信じる魂にただ福音だけを純粋にそれだけ注入しようと努力する人たちを、異端者、誘惑者、犯罪人、腹立たしいものと称する。そうすることが神に特に忠実であると、まだ思っている。なんと至福で、幸運なことだろうか、こうしたことに無関心に耐え、苦難を神に感謝し、堅く、強い勇気で逆境を引き受ける人は。「喜べ、天にあっての報いは多いだろう」（CO 10/2,36; OS 1,10; CStA 1/1,23, Zl. 40-46）。

この語り口は、論争での明らかな態度決定として理解され、ソルボンヌの神学者たちから異端として弾劾された。そこで、南フランスに滞在していた王は、著者に抗する処置をするよう命令した。コップも、またそれに伴ってカルヴァンもパリから逃亡しなければならなかった。コップはバーゼルへ行ったが、カルヴァンは友人であったクレーの司教座聖堂参事会員ルイ・デュ・ティエのもと、アングレムに仮の宿を取った。そこではすばらしい図書館があり、いくらかの時、学びに集中することができた。

カルヴァンの後の「前触れのない回心」(subita conversio) についての描写を、瞬間的な出来事として誤解してはならない。確信をなす変化は数か月という期間の幅の中で起こり、一五三三年末の劇的な先鋭化をもって差し当たりの結末を見た。キリスト教の教えを正しく理解するという設問の中で、求められていた教師になったというカルヴァンの報告は、パリとオルレアンの間の仲介者として描かれた彼の役割に関わりがある。一五三三年にはカルヴァンは出来事の渦中にあり、オルレアンの友人が最新の状況発展を把握するために求めていた人間だった。「まだ一年にもならない前のことだった」という主張は、だから一五三三年と関わっている。

6 『キリスト教綱要』（一五三六年版）
――弁明と宗教改革綱領

わずかしか残っていない一五三四／三五年に書かれた書簡は一人の人間を浮かび上がらせる。彼は一人の偉大な教師とみられるよりも良いものを見出した。書簡が示すのは、あらゆる不確定さ、危険に出会っても、神から導かれていると分かっていた一人の人間だ。

主はご自分の摂理をすべて、一番良いように果たされようと配慮される。私たちははるか彼方を見ることは許されていないことを、私は体験した。私がすべてのことに関して平安を期待したとき、私が少しも期待していなかったことがすぐそこにあった。また、私がある不愉快な住居について考えなければならなかった時にも、すべての予想に反して静かなわが家が整えられた。これらすべては主のみ手にある。私たちがこの方を信頼すれば、この方は私たちのことを配慮される（CO 10/2,37; Shwarz 1,34）。

一五三四年五月に、カルヴァンは、自分の教会禄をあきらめるためにノワイヨンへ旅し、八月にはオルレアンに滞在した。それ以外は一五三四年という年は、比較的自由に行動することができた。フランス王が限定付きの寛容という政治に戻ったからだ。これが起こったのは、ただ単にフランソワ一世が皇帝カール五世との論争で帝国のプロテスタント諸侯を自分の側に付けようとしたという外交上の理由からだけではなかった。

一五三四年一〇月一七日から一八日の夜に、後に重大な影響を及ぼした行動が起こったときに、限定付きの寛容は、一瞬のうちに終わった。ヌーシャテルに亡命していた説教者アントワーヌ・マルクールは、貼り紙を印刷させたが、それはミサの犠牲奉献が神をないがしろにする暴行であると厳しく弾劾するものだった。貼り紙はパリの公的な場や郊外に張られ、アンボワーズの王の居室にさえ張られていた。このいわゆる「檄文事件」は憤慨の嵐を呼び起こし、王や、国家や教会の多くの代表者たちから、フランスの公的機関の基礎への攻撃として受け取られた。その結果、福音主義に反対する明らかに激化した対応ばかりではなく、人文主義的改革者が距離を置き、彼らはまたソルボンヌの神学者と団結した。

カルヴァンから尊敬されていたビュデは、『ヘレニズムからキリスト教への移行』という書を書いたが、その献呈文ではっきりと改革的試みとの関わりを否定した。フランス王へ向けられた序が示しているのは、改革の信奉者にとってどんなに状況が危険となったかということだ。ビュデは、至聖のサクラメントの神聖を汚すという「恐ろしい犯罪」を前にして、王が開始した償いに、一五三五年一月二一日に名誉回復のために指示した行列のために、王はおおいに讃えられた。

逮捕や処刑に直面し、カルヴァンはフランスを去らなければならなかったので、まずバーゼルへと向かった。この町はヨハンネス・エコランパディウスの指導のもと改革側につき、一五二九年四月一日にそれに相応しい秩序を導入していた。大学や多くの印刷所により、この町は知的な中心地を造り上げていて、カルヴァンは自分の学問の続きを突出したやり方で許された。檄文事件によりグループ分けが進んでいき、迫害が起こり、彼らは明確な目標を得た。フランスの改革信奉者を、神への冒瀆者であるとか、反乱者であるという非難に抗して守らなければならない。これに加えて、はっきりと為されるべきことは、人文主義的改革者たちからも批判された中世の教会の誤った方向のあらゆる発展に直面して、ただ聖書の源へと帰ろうということだ。ブリソネ、ルッセルあるいはまたルフェーブル・デタープルのような改革者が、またビュデのような人がなそうとした妥協を考えると、同じように緊急なこととして現れたのは、改革の信奉者の内的な強化のために福音主義の教えを手放すことのできないという願望とその教えの基礎を示すことだ。すでに一五三五年八月にカルヴァンはこのような著述のまえがきを書いたが、発刊は、一五三六年三月、ビュデの著書から丸一年後になった。カルヴァンは、ドイツ語翻訳では『キリスト教講義』と名付けられている『キリスト教綱要』の著作を書いた。ドイツ語では、簡素な信仰問答を越える関心事が題によってすでに明らかにされている。

ビュデがしたように、カルヴァンも自分の著作のまえがきをフランス王に向けている。異端者の追放だけではなく、異端者の根絶（extermination）をも命じている一五三五年一月二九日の勅令にもかかわらず、王を自分の側へ引っ張ることができるという希望を持ち続けていた。フランスでは宗教改革の信奉者はルター派（Lutheriens）と呼ばれていたが、彼らに関して、部分的に、グロテスクな偏見が広められていた。例えば、彼らは教会を斥け、支配機関を斥け、婚姻を斥けているという。ルター派は、吟味することなく、あるいは悪意のもくろみで、いわゆる再洗礼派との区別を一切無視された。フランス王自身、ドイツのプロテスタント諸侯と同盟して皇帝カール五世に対抗する努力をしているときに、一五三五年の二月初めに自分の国のルター派を迫害していることを、扇動的な再洗礼派たちを鎮圧したのだと言って正当化した（ドイツ人諸侯への書簡 v. 1.2.1535, in: Herminjard 3,249-254 を参照）。

再洗礼派はルターやツヴィングリの改革の努力を不完全なものと見ていた。彼らは、その代わりに、根源的な宗教改革、すなわち、字句通りの聖書解釈という意味で、子どもの洗礼を拒否したのみならず、暴力行為とかならずや結びついていく支配者のもまた斥けた。三〇年代の初め、毛皮加工職人であるメルヒオール・ホフマンは、再洗礼派の中で近づいているこの世の終わりを説き、それを目の前にして、不信仰者との分離を鼓舞した。ホフマンは一五三三年にシュトラスブルクで逮捕されたが、一五三四年初めには、――彼の教えにより決定的に挑発され――ミュンスター市で悪名高い再洗礼派の支配が成立した。ここでは短期間の間に一〇〇〇人を超える人が再洗礼を受け、旧約聖書にあるような王国や共産生活や一夫多妻制を伴う、勘違いされた聖書の基準にふさわしい支配を打ち立てようとした。一四か月の包囲の後に一五三五年六月二五日に、所轄の司教が、カトリックだけでなく、福音主義の諸侯たちの助けを得て町を占拠し、悪夢のような出来事にいち早く終止符を打った。

『キリスト教綱要』のまえがきは誤解のないように再洗礼派の混乱への非難に対して反論することに向けられた。古代の司法修辞学の研鑽を積んでいたので、カルヴァンはルター派をローマ・カトリック教会の論駁に抗して弁護する。攻撃を七つの点にまとめている。宗教改革信奉者により主張されている教えは⑴新しく、⑵不確かで、⑶信じるに足るすべての奇跡に欠けていて、⑷古代教会の教師たちと相容れず、⑸教会の由来と習慣とも相容れない。⑹教会がかなりの時間、死んだも同様であったという中世の教会への宗教改革の基本的な批判の必然の結果であり、⑺宗教改革の教えの騒々しくも扇動的な結果である。カルヴァンの立論の中心は、教父たちと一致点に欠けているという四番目の攻撃との議論だ（CO 1,16-19; OS 1,27-30; CStA 1/1,83-91）。内容としては宗教改革の基本的な主張の展開だ。それは古代教会の教えとこの上なく一致している。すなわち画像禁止の有効性、聖餐を二種陪餐の形（パンとぶどう酒）で祝うことで、パンとぶどう酒両方を会衆が受け取る、司祭の結婚を解禁、そして最後に、とりわけ、教えと人生のすべての問いについてキリストとその言葉に唯一の権威を認めること。

この著作のまえがきと本文において、規定通りの神学の学びを修了していなかったこの二六歳のカルヴァンは、神学の伝統についての驚くべき知識を示している。それは教父に始まり、一二世紀の教会法典であるグラティアヌス教会集令（docretum Gratiani）を含め、近い時代のスコラ学者たちにまで及んでいる。一五三二年のセネカについての註解書以来の集中的な学びの年月の後で、カルヴァンはバーゼルで他の改革者たちとの交流に入ることができた。ド・ベーズの記録によれば、カルヴァンはバーゼルでヘブライ語を教えていたセバスチャン・ミュンスターの講義を聴いた。バーゼルのギリシア語学者シモン・グリナエウスはカルヴァンに大変な感銘を与えたので、一五三九年に、聖書の中の一書についての初めての印刷された註解書であるローマの信徒への手紙の註解書を彼に献呈した。更に、この若い改革者はバーゼルで、同様にフランスから亡命し、後にはジュネーヴで共に働いたギヨーム・ファレルと、また後にスイスと南フランスで改革者として活動したであろうピエール・ヴィレとも出会った。また影響が大きかったであろうのは、シュトラスブルクの二人の改革者マルティン・ブツァーとヴォルフガング・カピトとの出会いであり、チューリッヒのレオ・ユードゥと、ツヴィングリの後継者ハインリヒ・ブリンガーとの出会いである。

一五三六年三月に公刊された文章が示すのは、カルヴァンがいまでは、ドイツ宗教改革の主たる代表者のルター、メランヒトン、ブツァーを徹底的に学んでいたことだ。とりわけルターの書は、『綱要』の初版の構成と内容に影響を与えている。ルターの小教理問答のように、律法（十戒の釈義）のあとに、福音（使徒信条を手がかりに）、祈り（主の祈り）、二つのサクラメントである洗礼と聖餐が書かれている。続く第五章で、第四章につなげて説明しているのは、中世の教会でサクラメントとして有効であったあと五つのもの（告解、婚姻、堅信、終油、叙階）はサクラメントではあり得ないこと、なぜならば、それらはキリストによって制定されておらず、それに加えてほとんどにしるしが欠けていることだ。第六章は、キリスト者の自由を、また明らかに区別されるべき教会の権能と世俗の権能について最後に、詳しく扱っている。この最後の二つの章もルターの影響を立証できよう。ヴィッテンベルクの改革者は、まさにこれらのテーマを、影響が広がった一五二〇年の改革的な自らの主要文書『教会のバビロン捕囚』『ドイツのキリスト者貴族に与える書』『キリスト者の自由』の中で扱っていたのだからなおさらのことだ。

カルヴァンは『綱要』の初版では、一五三三年一一月一日の演説で示したよりも、もっとルターの弟子であることを示している。この著作の構成の基礎は、ルターに特徴的な神学上の基礎的決断である。律法の最も大事な任務とは、人間に対して、神の意志を行う能力がないということを示し、そもそもそうして初めて福音への準備をさせることだ。すなわち自分の稼ぎではなく、純粋な慈しみがもたらす神の恵みの業への準備だ。そののち、カルヴァンは『綱要』の後期の版では、この点については自分自身の道を行った。さらに特徴的なことは、カルヴァンはツヴィングリの書を読んでいるのだが、その考え方を受容することは明らかに留保している。後の意見では、サクラメントをただのしるしとして見ていたツヴィングリとエコランパディウスのサクラメント論を初め斥けていたことをさえ、明らかに強調している（CO 9.51 を参照）。

『綱要』は一五三六年三月にバーゼルの印刷業者トマス・プラッターとバルタザール・ラシウスのところで印刷され、さまざまな経路でフランスに持ち込まれた。この著作は、その目的を満たしていた。すなわちフランスで禁止された「ルター派」に通用している教えを、すばらしいやり方で、短く、正確に伝えることだ。ギヨーム・ファレルは、一五三四年にまさに同じような目的をもった書『総括かつ簡明な宣言』を新たに印刷したときに、カルヴァンの叙述の卓越を素直に認め、計画していた自分の著作の改訂を諦めた。『綱要』により、カルヴァンは一挙に有名になった。彼は後年になってもまだ、この著作を常に繰り返し改訂し、拡充した。一五五九年、存命中最後に公刊されたラテン語版は、八〇章もある包括的な著作となった。死後も『綱要』の成功の歴史は続いた。現在に至るまで、これは宗教改革の教えの最も重要な全体描写であり続けており、数多くの言語に翻訳されている。

一五三五年にもカルヴァンは、彼のいとこであるオリヴェタンが作成し、ワルドー派による大きな犠牲のもとに融資されたフランス語の聖書翻訳に二つのまえがきを書いた。聖書全体の前に置かれたまえがきは、世のどの支配者も犯すことができない、神の言葉へ自由な立ち入りの必要性を強調した。新約聖書の前に置かれた二つ目のまえがきは、旧約と新約がキリストにあって一つであることを強調した。一五三六年春にカルヴァンは友人のデュ・ティエと一書にフェラ ラ公爵領へ旅をしている。公爵夫人ルネ・ド・フランスは、フランス王ルイ一二世の娘であり、フランソワ一世の義理の姉であって、改革運動を支持しており、フランスの貴族たちを宗教改革へと獲得していくためには益となり得た。フェララの宮廷で、カルヴァンは――シャルル・デスプヴィルという偽名で――他の福音主義の信仰上の亡命者と出会った。例えば、詩人のクレマン・マロであり、彼は以後一五四二年にジュネーヴに庇護を見出すことができた。フェララでは二通の書簡を書いたが、それは事実上小さな神学パンフレットの体を示していた（CO 5,239-312; OS 1,284-362を参照。更にCO 21,60も参照）。扱われていたのは、それへの答えが改革主義の精神を選別するような問いである。第一の書簡では、友人のニコラ・ドゥシュマンに、ミサが献げられているカトリックの礼拝にいまだに参加することが許されるかどうかを書いた。カルヴァンは、危惧なく参加できるローマ教会の儀式もあることは知っている。しかし画像崇拝、終油を受けること、贖罪状購入、とりわけミサへの参加を、そのことでイエスの十字架の死が破棄されることになるので、耐えられない儀式と規約であるとしている。その他の点では、自分の忠告者たちに怖れと不安を起こすようなものからは良い結果は期待できないとした。第二の書簡はジェラール・ルッセル宛てであり、初期の友人という意味で「古い」友人と称している。ルッセルはその間にマルグリット・ダングレムによりオロロンの司教に任命されていた。この書簡ではカルヴァンはルターに大変近く、職というものを神の言葉への責任から理解していることを展開している。ルッセルが教皇の教会の司教として担っている、魂の混乱への共犯を目の前にして、カルヴァンは職を放棄するようにだけ要請することができた。

7 「あのフランス人」
――ジュネーヴでの最初の活動（一五三六―三八年）

フェララから戻ったカルヴァンは、もう一度フランスへと旅した。おそらく父方の遺産問題を片付けるためであろう。パリでは、兄弟のアントワーヌと姉妹のマリーに再会し、彼らに一緒に来るよう説得した。続けてシュトラスブルクに旅を続けるつもりだった。しかしフランス王と皇帝カール五世との間の新たな戦争の成り行きで軍隊が動いたので、カルヴァンは回り道を選ばなければならなかった。それはジュネーヴ経由だった。七月初めのこの時、後に影響の大きかったファレルとその「恐ろしい呪縛」との出会いが起こった。カルヴァンはこれについて、一五五七年の詩編註解への献呈文で以下のような言葉で報告している。

戦争がシュトラスブルクへ直行することを遮ったので、私は、ジュネーヴを通って旅を続けたが、そこには一晩以上は留まらないつもりだった。さて、ここでは少し前からやっかいで優秀な男［すなわちファレル］とピエール・ヴィレの働きにより教皇制が打ち捨てられていた。しかし情勢はまだ混沌としていて、町はひどく危険な様子で党派に分裂していた。昨今の恥ずべき裏切りで、教皇の側へと戻っていった一人の男［カルヴァンの以前の友人のルイ・デュ・ティエ！］が、ただちに私が誰であるかを漏らしたので、ファレルは福音の要請への信じられない熱心さに文字通り燃えていて、全力で努力して、私を引き止めようとした。そして私が平穏な自分の学びに没頭したいということを聞き、願いをもってしては何も取り次ぐことができないと見て取るや、私がこのような艱難にあって彼を助けないというなら、私の平穏へ神が呪いを送られるようにと呪った。そこで私は驚愕して、始めていた旅を諦めた。しかし私の人見知りと引っ込み思案を鑑みて、特定の職を担うことを自分に義務づけることはしなかった（CO 31,26; Schwarz 3,897）。

ファレルはすでに一五三二年に初めてジュネーヴで説教しようとしたがすぐに追放されてしまった。一五二八年に改革主義となったベルン市の援護により、自分の影響範囲を南と西へと拡げようと試みて、一五三三年に改めてジュネーヴに来た。そしてすでに一五三四年一月に、ジュネーヴを逃げるように去っていた司教のピエール・ド・ラ・ボームの抵抗に抗して論争をやり抜いた。サヴォア公爵と一緒に軍事手段によりジュネーヴへ進軍しようとした司教の試みは逆効果だった。ファレルは改革主義で説教する努力の中で、いまや市民階級の強い支持を得るばかりであった。一五三五年六月の再度の論争のあと、八月八日の司教座教会サン・ピエールでのファレルの説教の後で、聖画が取り除けられた。これらは神の言葉に反していたからだ。布告により、ミサは廃止された。最後には、市民たちは一五三六年の総会で誓約の下に宗教改革導入への同意を確認した。

ファレルが印象的に成功していたとしても、カルヴァンが一五三六年夏にジュネーヴに到着したときにはまだ宗教改革は確固たるものではなかった。なぜなら、宗教改革を前進させるのは本質的に政治的な情勢であったからだ。まず第一に、改革の動きはサヴォア公国に反するベルンとの連盟により支えられた。ヴォー州を征服したベルンは、ジュネーヴのように宗教改革を求めた。まず、市民たちは市内に居住している司教の主権、それは同時にサヴォア公爵と結びついていたのだが、そこからの解放を求めていた。この町は一万人以上の住民を抱えており、ジュネーヴ湖からローヌ川への流出口にあるという都合の良い立地によって商業地として利益を得ていた。この経済的な成功により、市民の自意識は育った。聖職者たち、しかも司教はサヴォア側に寄り添おうとしたのに対して、商人たちの大多数が、ベルンとの連盟に賛成に回った。この新しい自意識はしかし、すぐに改革主義の説教者の要求へも抗するようになった。確かに、旗印や正確にはコインにも、標語である«post tenebras lux»（＝「闇の後の光」）が書かれていたのだが。しかしどの程度、自分の人生を聖書の側に方向づける用意があったのか、またそれは具体的に何を意味するのかについては、徹頭徹尾、明確さに欠けていた。カルヴァンは死の床で、ジュネーヴに到着したときの状況について当を得ているといってよい話し方をしている。

私が初めてこの教会に来たとき、そこには何もないと言ってよい状態でした。説教はされておりましたが、それがすべてでした。確かに偶像を探しては焼いていました。しかし宗教改革はなかったのです。すべてが、荒れた混乱の中にあったのです（CO 9,891f.; OS 2,401; CStA 2,295, Zl. 34-37）。

カルヴァンの課題は、初め、神の教えを告知することや教会を導くことではなかった。正確に言えば、ジュネーヴのギムナジウムで、パウロの手紙のギリシア語本文について講義していた。これは控えめな滑り出しだった。一五三六年九月五日にファレルは市参事会にこの講義の必要性を理解させようとし、五か月後になって初めてカルヴァンは俸給を得た。その手続きを行った市の書記は彼の名前すら知らず、ただ「あのフランス人」（«ille Gallus»）とだけメモした。一五三七年八月でさえ、いまだに八月一三日のベルンの市参事会の手紙で、カルヴァンは「ジュネーヴの聖書の先生」と記されている。彼自身も「ジュネーヴ教会の聖書の先生」と名乗っていた。牧師へ選出される前にすでにカルヴァンは、この職に結びつく課題に取りかかった。同じように刺激的で言葉に力のあるファレルに比べて、法律の研鑽を積んでいたカルヴァンは、混乱の中の教会に秩序を与える必要性を、強く見ていた。だから一五三六年末ごろにはすでにカルヴァンは、ファレルと一緒にその規則である『教会規則』（教会と礼拝の組織に関する条項）を書いた。これに加えて若者たちのための教理問答書である『信仰の手引き』(信仰の指導書と信仰告白)とその抜粋『信仰告白』が続いた。この抜粋テキストは、ジュネーヴのすべての市民への信仰告白でもあるべきもので、総会の時には誓約により確認されるべきものだった。

教会規則の初めのところで強調されているのは、よく整えられた教会とは、作法に則って頻繁に祝われている聖餐式に中心があるということだ(CO 10/1,5f.; OS 1,369を参照)。神聖に、特別な畏敬をもって参加する以外に、勇気はいらないといってよい。だからこそ、教会の中で良い秩序を保つために必要なのは、教会法規を維持することと、喜んで従順に聖なる神の言葉に導かれることがないような人たちを、彼らの良化のために、聖餐式から閉め出すよう気をつけることだ。教会規律の他に、教会規則は特に会衆讃美と若者の教理問答に特別な価値を置いている。

事の進展の経過が大変明らかに示すのは、ジュネーヴの宗教改革が初期の年代では、いかに不安定であったかだ。決定に携わる者たちとは、まず四人の市長からなる、「組合」と呼ばれた、毎年選出される合議体と、週に三回は少なくとも会議を開いていた二五名からなる小議会および月に一度集まっていた二〇〇人からなる大議会であった。加えて年に二回開催される全市民の総会と、主として外交問題を担当する六〇人の委員会があった。市長と同様に、「法の司令官」と呼ばれた法官や、「金庫番」と呼ばれた出納長も毎年新たに選出された。小議会へは、「市民」と呼ばれた古くから定住している市民たちだけが選出され得たのであり、「ブルジョワ」と呼ばれた市民権を得たばかりであったような者は選ばれない。しかし「住民」と呼ばれた市民権なしにジュネーヴで生きていた者たちとは違って、彼らには他の二つの議会が開かれていた。

教会規則と教理問答は一五三六年一一月一〇日に小議会に、一五三七年一月一六日に大議会に提出されて、わずかな制限付きで受け入れられた。教会規則で予定されていたのとは異なり、チューリッヒの影響を受けていたベルンの習慣に従って聖餐式は一年に四回だけ祝われることとなった。教会規律という考え方は斥けられた。とりわけ、全市民が共通の信仰告白に義務づけられるという企画は多数を得なかった。まずは、家長の賛成を得ようと各戸に役人を送ったが、成果はなかった。それから信仰告白一五〇〇部が配布され、最後には、町の区分けに従って市民たちが、サン・ピエールでの総会に呼ばれた。ただ参加が望まれただけでなく、公に反論が語られた。説教者たちの強い要請により、市長たちと、小議会は最終的には、誓おうとしない者たちは市から追放されることを決定した。しかし一五三七年一一月の市民集会はそれに抗議し、二〇〇人会議（＝大議会）も一五三八年一月四日に、何人も聖餐式から除外されるべきではないと決定した。

カルヴァンや他の牧師たちの、市民に信仰告白を義務づけるという試みは手ひどい失敗であることが明らかとなった。広範囲の賛意ではなく、鋭い異議申し立てを獲得したばかりではなく、大変危険なことがらである市民たちの二極化が起こった。この論争から、カトリックの一派が明らかに強化されることとなった。一五三八年二月三日に新しい自治体の長たちに選ばれたのは、もっぱらファレルとカルヴァンの敵たちであった。小議会にあっても敵たちが多数派を得た。偶発的な教会規律さえも含めて、教会組織は、牧師たちには任されず、ベルンやチューリッヒでのように、この世の支配機関の事柄として処理されようとした。こうしたことに応じて、聖餐式の持ち方についても指令が出て、そのことについて当局を激しく攻撃したエリ・コローという一人の牧師は説教することを禁止された。彼はこの決定に不服であり、ファレルとカルヴァンもこの条件では復活祭に一緒に聖餐式を祝うことができないと表明した時には、この三人の牧師は追放された。

一五三八年四月二三日の朝、彼らは町を出た。コローはジュネーヴから北へ八〇キロメートルほどにあるオルブに留まり、ファレルとカルヴァンはバーゼルまで行った。ファレルは一五三八年七月にヌーシャテルに招聘された。カルヴァンはバーゼルで学びを再開しようとしていたが、ジュネーヴの経緯が知れ渡るのは早く、ブツァーはカピトと一緒にカルヴァンをシュトラスブルクに連れてこようと努力した。彼は手紙を書いただけでなく、共通の友人も巻き込みカルヴァンに来るように動かした。けれども、旧約聖書の預言者ヨナがニネヴェで福音を説くという委託から逃げたにもかかわらず神により探し出されたという例を取ってカルヴァンを非難して初めてシュトラスブルクに来ることを促すことができた（CO 31,26f.; Schwarz 3,897 を参照）。カルヴァンはしっかりと成長したフランス語を使う亡命者教会で牧師として働き、加えて新しく設立されたシュトラスブルク・アカデミーで聖書講義をすることとなった。一五三八年九月八日に初めてフランス語を使う亡命者の前で説教を行った。

8 「カルヴァンがカルヴァンとなる」
——シュトラスブルク（一五三八—四一年）

シュトラスブルクはドイツ国民の神聖ローマ帝国内の中で最も大きな都市の一つだった。ライン川の支流に面するこの帝国都市はおよそ二万五〇〇〇人の住民がおり、一六世紀の間に南西ドイツの最も重要な経済的・文化的中心に発展していた（Greschat, 59-62を参照）。すでに一五二一年にマテウス・ツェルが宗教改革的に説教し始めていた。一五二三年にはカスパル・ヘディオや著名な碩学ヴォルフガング・カピトと並んで、もう一人の牧師として、かってのドミニコ派修道士マルティン・ブツァーがこの町に来た。彼はルターやメランヒトンに続いてドイツ語圏では最も影響力のあった改革者であり、じきに誰もが認めるシュトラスブルクの宗教改革の立役者となった。その指導のもとに、シュトラスブルクはヴィッテンベルクとチューリッヒに続く初期宗教改革の第三の中心へと発展した。ここから始まりとりわけ南部ドイツの帝国諸都市で養われた宗教改革は、この二つの中心地のあいだを仲介する位置により独特の神学的プロフィールを得た。後への影響の大きかった一五一八年のハイデルベルクでの公開討論で、ルターにより宗教改革の仲間へと引き入れられたが、シュトラスブルク時代初期にはチューリッヒの宗教改革の方へ向いていた。エラスムスの人文主義を高く評価することでツヴィングリと結びついていたが、最終的には尊敬するルターとの和解を目指した。

とりわけ議論の的になっていた聖餐論では、ツヴィングリに抗してルターが繰り返し強調した現実のキリストの現臨への関心を一致に向けて解釈した。彼もまた聖餐での現実のキリストの現臨について語り得たが、人の体を持った現臨として現実存在を理解することができるというルターの固執は背景に退いている。その代わりに「サクラメント上の一致」によりパンがキリストの体と、もしくはぶどう酒がキリストの血と一致していると現臨を理解した。このような、開けてもおり、解説を必要ともするが説得力もあるこの言い方は一五三六年には、それまでには相当広範囲となった聖餐論のプロテスタント内の一致をもたらした。いわゆるヴィッテンベルク和協である。ここで決着をみた表現では、現臨を霊的な種類の存在としても理解できた。

ブツァーのプロテスタント内の議論や、後にはプロテスタントとカトリックの間を仲介しようとするたゆまざる努力は、二〇世紀に至るまで彼の評価をかげらせた。あらゆる方面でそうだった。改革派の人々にもルター陣営にも、神学的に優柔不断であり、神学を駆け引きのために裏切った者として扱われた。ルター自身ばかりでなく、例えばチューリッヒのツヴィングリの後継者のハインリヒ・ブリンガーも厳しい言葉だけを残している。一五四六年のルターの死に際して、ブリンガーは、主がこの機会にブツァーも天の故郷へと取り去ってくださったらもっと良かったのにとさえ言っている（WA 54,134f. を参照）。このような背景の前では、カルヴァンが最後の最後までブツァーを特別に高く評価していたことはますます注目する価値がある。

この間私はブツァーの死の報告を受けたが、それは私をまったくもって悲しませた。望もうと望むまいと、このことが神の教会にとってどれほどの損失であるかを私たちはすぐに知ることになる。彼が生きている限り、他の誰にもまして賜物がどんなに豊かであったことかとしばしば考えさせられたものだ。どれほどの役割を私たちにまだ果たしてくれることができたことか、このことを今初めて完全に認めざるを得ない。それは彼をもぎ取られてしまったからだ（CO 14,106）。

以下の引用のように、シュトラスブルク滞在中に表明したカルヴァンの判断が示すのは、ブツァーのカルヴァンへの影響は特に聖書釈義の中心的な場所に見出されるということだ。ローマの信徒への手紙の註解書の献呈書簡でシモン・グリナエウスに対してこう書いている。

この人——君も知っているように、深い教養と種々の知の部門での豊かな知識を貫き通っている精神、偉大なる博識や多くの他の徳にあって今日だれも越えることができず、ほんのわずか比する者がいても、ほとんどははるかに彼らを凌駕している——が、わけても獲得する最も特有の賞賛は、だれも、この人のように注意深い勤勉により聖書註解をなし、これほどまでに広範囲に思案することができる人はいないということだ（CO 10/2,403）。

カルヴァンはルター以外には、他のだれにもブツァーからのようには刺激を受けたり、影響を受けたりしなかった。ジャック・クルヴォアジエが、一八歳年長の同僚かつ友人であったブツァーとともにカルヴァンが過ごした年月について、ある意味正当に判断しているところでは、シュトラスブルクで初めてカルヴァンはカルヴァンとなった（Courvoisier, 107）。この都市でカルヴァンはルターに対しても独自なものの見方を発展させ、それらは改革派プロテスタントの独特のプロフィールを形成した（本書一四六―一四九頁を参照）。文書で証明されるのは、カルヴァンがシュトラスブルク滞在中に完成させた『綱要』の第二版（一五三九年版）における決定的にブツァーの影響に基づく変更である。この著作は分量が明らかに増した。もともと六章仕立てであったのが一七章の書物になった。書名の『キリスト教綱要』にカルヴァンは「いま初めて事実上その書名に対応する」と追記した。人文主義の遺産がより目立って現れており、初めの部分の、神認識と自己認識の分離できない関係に関するビュデに影響を受けた表現は、その後のすべての版を決定した目的設定的な序へと仕上げられた。一五三六年はまだあっさりと書かれた。「おおよそすべての聖なる教えのまとめは二つの部分からなっている。すなわち神の認識とわれわれ自身の認識である」（CO 1,27; OS 1,37）。一五三九年版以降、「教え」という概念は「知恵」という概念に置き換えられた。更により根源的で、かつ広範囲にわたって詳細に基礎づけられるとこういうことになる。「ほとんどすべての私たちの知恵は、それが実際に知恵の名を獲得し、真実で信用できる限りは、結局のところ二種類含んでいる。神の認識と私たちの自己認識だ」（CO 1.279; Inst. I.1.1. Os 3.31,6-8を参照）。自己認識がないところでは神認識はなく、神認識がないところでは自己認識がない。「教え」という概念を「知恵」という概念で置き換えることによって、人文主義の意味合いでは命の関わりと存在上の次元とは真の神学の特徴としてより強く強調される。

また他の観点からみても、シュトラスブルク時代は、カルヴァンにとってはまぎれもなく成果のあった時代であった。ブツァーの意向に従って、信仰上の亡命者で大部分が占められていたフランス語教会の牧師として働かなければならなかった。一五三八年九月に説教を始め、まず川辺にあった聖ニコライ教会で、後にはマグダレーナ教会、最後はもとのドミニコ修道会会堂の聖堂内陣で働いた。全財産をフランスに残してきた人たちもいる教会員たちの魂の看取りの他に、教会の礼拝生活やその他の生活の手はずを整えなければならなかった。町には多くの洗礼希望者がいたので洗礼申請用紙も起草した。ジュネーヴの時のように、会衆讃美を奨励しようとしたが、ここではシュトラスブルクの基準に助けを求めることができた。すでに一五三九年に、讃美歌集「いくつかの詩編と讃歌を音の世界で」は、韻律化された詩編がフランス語教会で使われるために印刷された。そこには一八の詩編、シメオンの讃歌、歌詞に整えられた十戒と使徒信条が入っていた。幾篇かの詩編は、カルヴァンがフェララで知り合いになったクレマン・マロがフランス語に翻訳し、韻律を整えたが、七篇は自分自身で行った。

こうした努力の力点は聖餐の祝いを整えることであり、そのことと緊密に結びついて、教会生活の拘束力を持つ形を作り上げることから初めて教会規律を運用することだった。信仰上の亡命者たちの間では、初めから、生活を聖書に添って整える準備が高水準で存在していた。つまりカルヴァンはジュネーヴと同じような摩擦は予想する必要がなかった。とはいえ、シュトラスブルクでも、市参事会は、習俗規範の規律を牧師に引き渡す意図などはなかった。一五三五年に施行された一五三四年制定の教会規則に従うと、シュトラスブルクの教会の指導は七人の公的委員会の手にあった。それは二人の議会議員と三人の管区担当者と二人の説教者で組織された。この委員会は主として教えについて担当していたが、議会決定なしには決定的影響を与えることができなかった。習俗規範の規律に対しては二一人の管区担当者が担当した。すでに一五三一年にはシュトラスブルクの七つの教区のどこにおいても、三人の「行いの正しく、思慮のある」男性が任命されることができると制定された。一人は議会から、一人は同職組合から、一人は教区からである。管区担当者もまた魂の看取りの忠告をする権限があっただけである。聖餐から排除されることや他の信仰上の罰について教会規則では言及されていない。教会会議、すなわち説教者と三人の管区担当者の一四日間の会議も同様に、議会から独立して、教会規範の措置を科すことはほとんどできなかった。ブツァーはエコランパディウスの影響により、習俗規範の規律が世俗の権力者の責任下にあるというツヴィングリの考えから解き放たれていた。

およそ五〇〇人の会員を擁するフランス語亡命者教会は、このことは興味の中心ではなかったので、カルヴァンは比較的邪魔されずに自分の考えを実行に移すことができた。出発点は聖餐式の満足できない執行だ。シュトラスブルクの習わしに沿うと月一度祝われるべきもので、参加するかどうかは、初め自由だった。けれども一五四〇年復活祭以降、カルヴァンは、参加する者は前もって自分に申し出て、魂の看取りの会話へと出向くべきであると要請した。カトリック教会の告解を再び取り入れているという非難に対しては、それは講義であり、勧告であり、慰めを与えるものであると弁護した（CO 11,41 を参照）。またキリスト者の自由に反しているともみなかった。相互に兄弟姉妹が添うこと、あるいは戒め合うという聖書にある基準に反していないと考えたからだ。おそらくはっきりと意識してはいなかっただろうが、カルヴァンはこれにより、ルターの告解の実践に近づいた。事実上、カルヴァンはフランス語亡命者教会で、教会規律に関するブツァーの考え方を、ブツァー自身がシュトラスブルクの教会でできたよりも実践できた。

カルヴァンの働きは、はじめは極めてブツァーの活動に依拠していた。初めの数か月は議会から給料を得ていたのではなく、ブツァーとカピトの支援だけだったからだ。カルヴァンは経済的な理由で自分の蔵書を売らなければならなかった。一五三九年にシュトラスブルクで新規に設立されたアカデミーの講義を始めてようやく一年に五二グルデンが与えられた。しかし市長のヤコブ・シュトゥルムが、加えて学校付き司祭の給料を与えたいと試みたが実現しなかった。

ヤコブ・シュトゥルムはシュトラスブルクの学校制度改組を試みる原動力でもあった。一五三八年には、人文主義者ヨハンネス・シュトゥルムをシュトラスブルクに連れてくることができ、彼は、「賢く、雄弁な敬虔」（sapiens et eloquens pietas）という市長の理想に従って、高等学校を設立した。ヨハンネス・シュトゥルムは卓越した運営をし、この新生のシュトラスブルク・アカデミーが改革派の領域の多くの大学の模範になった。カルヴァンに課せられた仕事は新約聖書の書物について講義することだった。ヨハネによる福音書を手がけた後、コリントの信徒への手紙、フィリピの信徒への手紙、ローマの信徒への手紙を扱った。ヨハンネス・シュトゥルムが高い調子で賞賛して語ったほど、カルヴァンはこれらを成功裏に行った。

講義を行うことで、カルヴァンの経済状態は明確に向上した。残ったのはいまだに未婚である困難だった――カルヴァンの場合は、家政婦がいれば特に不満足ではなかったようだ――。極めて乾いた調子で、すぐに見つけることになる幸福を語らず、カルヴァンは結婚について次のように表明した。

私は、一度美しさに夢中になったら、愛する人の間違いをも讃えるような恋人たちの途方もない種族には属していない。私を引きつける唯一の美しさとは、慎み深くあり、従順であり、高慢でなく、質素で、辛抱強いことだ。望むことが許されれば、私の健康について配慮してくれることだ（CO 10/2,348; Schwarz 1,119）。

この時代の慣習で、友人たちが妻を見つけるのを手伝ったが、成功しなかった。かって再洗礼派であったリエージュ出身のジャン・ストールドールはカルヴァンの尽力により、亡命者教会の一員になったが、一五四〇年にペストにより死んだ。次の年の八月にカルヴァンは彼の未亡人イドレット・ド・ビュールと結婚して、彼女の二人の子どもを自分の家に迎えた。二人の子どもは生まれてまもなく死んでしまった。見たところカルヴァンは結婚を大きな幸福として体験したようだ。けれども、一五四九年の彼女の死への深い痛みが初めて、内的な結びつきと愛を表現するために口を開かせた。

妻の死もまた私には大変深刻なことであり、できうる限り、悲しさを乗り越えようとしなければならなかった……。君は私の心の感じやすさ、あるいはより適切に言えば、もろさを知っているだろう。だから、力づくで自分に節制を科さなければ、今に至るまで、まっすぐには立てていなかっただろう。私から最高の同伴者が奪われた。もし私に何かただならないことが起こっていたら、彼女は進んで流刑の生活と貧困とを私と分け合うばかりか、死をも分け合ったであろうに（CO 13,230; Schwarz 2,464f.）。

シュトラスブルク時代はカルヴァンにとり成果のあった時代であるが、特に一五四〇年、四一年の帝国宗教会議に参加したことにより新たな世界が開かれた。ここで初めて、カルヴァンは人文主義の改革精神に満たされていたカトリック教会の指導者たちと接した。とりわけドイツの主立った改革者の何人かと知り合いになった。メランヒトンとはシュマルカルデン帝国議会に向かう旅で一五三九年二月にマイン川沿いのフランクフルト行きの駅馬車ですでに知り合っていた。集中的な議論で密な交流を育むことができた。カルヴァンの特別の関心はフランスの信仰の兄弟の支援を獲得することだった。ペストの突発により一五四〇年の六月と七月にシュパイヤーからハーゲナウに場所を移した一回目の帝国宗教会議では、もっぱら支援の方法に関する交渉だけが行われた。カルヴァンは数日参加するために隣りのシュトラスブルクから加わった。

しかし一五四〇年一〇月二八日から一五四一年一月一八日まで開かれたヴォルムスでの宗教会議には、シュトラスブルクからの代表団の枠でブツァー、カピト、ヨハンネス・シュトゥルムらと訪問した。ブツァーがカルヴァンをそばにいさせたかったのは、明らかに、カルヴァンの教父についての豊富な専門知識のゆえだ。協議は福音主義内部の協調をめぐって始まった。プロテスタントたちは、アウグスブルク信仰告白を基礎にして聖餐式がなされることを貫き通すことができた。一部の者たちにとって信仰告白の第一〇項の聖餐論がキリストの肉と血の現臨を大いに協調するのでほとんど受け入れることができないという特別の問題が存在していた。ブツァーは一五三〇年来、このことで、プロテスタント内の協調を得ようとしてきており、最終的に一五三六年にはメランヒトンと一緒にすでに言及したヴィッテンベルク和協をもたらしていた。

カルヴァンはシュトラスブルクで働く牧師として、根本的に一五三〇年のアウグスブルク信仰告白を認めた。なぜならシュトラスブルクは一五三一年以来シュマルカルデン同盟の成員であり、そこでは信仰告白は条約書として通用していた。一五三二年四月にはシュトラスブルク市はアウグスブルク信仰告白を公に同意した。カルヴァンの聖餐論では、彼がキリストの霊的な現臨だけを考えることができたので、あらゆる観点からアウグスブルク信仰告白に沿っているわけではなかった。またツヴィングリに影響を受けた南部ドイツの宗教改革の領域では、強い疑念があった。それでメランヒトンは一五四〇年にはプロテスタント内部の統一のためにシュマルカルデン同盟の委託を受けてアウグスブルク信仰告白の改訂版を起草した。そこでは、聖餐におけるキリストの現臨がより未解決のままで、はるかに解釈の余地を残して表現されていた。カルヴァン的には修正されたプロテスタントの聖餐論をもつこの文書は、ヴォルムスで、結論はみなかったが、議論された。

一五四一年四月二七日にレーゲンスブルクで開始した第三回帝国会議では、少なくとも義認論の問題といくつかの他のテーマに関して、初めて部分的な合意がもたらされた。そこにカルヴァンはブツァーと並んでシュトラスブルク市の代表として参加した。メランヒトンはヴォルムスの宗教会議の機会に、シュトラスブルク公使の前でカルヴァンを破格に評価していることを表明し、彼の会議参加のために尽力していた。カルヴァン自身は、会議の成功についてわずかな希望しか持っていなかったし、実際に、教会論、職制理解、聖餐論、ミサ犠牲の教えの理解は、和解不可能で互いにぶつかり合った。プロテスタントたちが、聖餐における化体説的理解によるキリスト現臨の意味を、覆すことができない仕方で拒絶することに固執した一方で、古い信仰を墨守する者たちは、同じく妥協なく、一二一五年の第四ラテラノ公会議により教義となった教えに留まった。化体説によれば、聖餐の執行過程で、パンとぶどう酒の実体は変化する。外的な表象ではなく、偶有性が変化する。カルヴァンはこの議論で、福音主義の立場が明確な表現に対して票を入れた。部分的にしかラテン語は理解しない諸侯たちのために、福音主義者内の協議がドイツ語で行われたが、ファレルが伝えているように、カルヴァンはこの議論を部分的にしか理解できなかった。

また私は自分の考えをラテン語で言わなければならなかった。たとえ他の人たちの誰も理解しなかったとしても、衝撃を与えるだろうという畏れはなく、自由に、ラテン語で肉体の現存（ホスティアの中のキリスト）を否とした。そして聖体崇拝は自分にとって、耐え難いものであると付け加えた。このような討論には、他人をとらえる強い指導者が必要だと信じてほしい（CO 11,216; Schwarz 1,191）。

カルヴァンはその後、期待されていたよりも早くシュトラスブルクへ出発したものの、一致への交渉には徹頭徹尾、強く印象づけられた。まさに迫害という自分自身の体験を背景にして、このような一致への試みを支援することは——真実を否定することなく可能である限りは——意味のあることに思えた。ファレルに向けて一五四一年五月一一日にレーゲンスブルクから義認論での妥協について、福音主義とカトリックの教えをむしろ足し算したものだし、ルターがそれを「繕ったもの」と評したと書いた。

双方がある程度改訂されたと受け取った形式が取られた。君が添付されている最終版の言葉遣いの文書をすべて読んで、敵対者がこんなにも賛同しているのに驚くだろうと思っている。われわれのはまことの教えの重点を保ち、われわれの書物にも登場しない事柄はそこにはない。君がもっと明らかな宣言を願っており、だから私を思想的立場における同志とみなしていることを知っている。しかし、どのような連中とわれわれが関わらなければならないかを君が考慮に入れるならば、多くのことが達成されたと君も理解するだろう（CO 11,215; Schwarz 1,190f.）。

シュトラスブルク時代は、最終的には著作という観点からも、紛れもなく実りのあった時であった。すでに言及した『綱要』の新版やローマの信徒への手紙の註解の公刊の他に、影響力をもった多くの書物を出版した。特徴的なことは、カルヴァンはいまやフランス語でも書き、そのことで、教養人にのみ宛てられたラテン語の著作に比べて、より広い影響力を持つことができたことだ。シュトラスブルク時代にカルヴァンは、フランスで大きな影響を与えるであろう『綱要』

のフランス語翻訳を準備していた。正当なことだが福音主義の圏内をはるかに越えて、フランス語の発展全体に対して中心的な意味が認定されることになった。

一五四一年にはフランス語で『われわれの主イエス・キリストの聖餐についての短い論述』が印刷されたが、カルヴァンはそれで教会の中に生まれた混乱に向き合おうとした。この件での一五二〇年代のルターとツヴィングリの間の険しい議論と両者の無能さ——古い信仰に立つ者により強化された一五二九年のマールブルク宗教会議での威嚇に面してさえも、この件で一致できなかった——をカルヴァンは見ていた。一五四〇—四一年の帝国宗教会議への参加が、まさしく聖餐問題での不一致の危険な結末を、大層明確に彼に見させることになった。カルヴァンはチューリッヒ宗教改革とバーゼル宗教改革をプロテスタント内の一致を危険にさらさないように動かすことを望んでいた。なぜなら両方ともシュトラスブルクで通用していたヴィッテンベルク和協と、ヴォルムスとレーゲンスブルクで議論されていた、一五四〇年のアウグスブルク信仰告白の緩やかな聖餐論を拒否していたからだ。同時にカルヴァンは自分の確信がシュトラスブルクへ移動した後にも変化しなかったことを彼らに明らかにしようとしていた。

彼はこんなにも多くの良心を混乱させた宿命的な聖餐論争を繰り返すつもりなく、ルター、ツヴィングリ、エコランパディウスの聖餐論の問題ある先鋭化を指摘する。すなわち、ルターは、聖餐におけるキリストの肉的現臨について化体説に抗して自分の理解を展開したが「少しだけきつく、そしてすげない」比較を行った。ルターは化体説を論駁するときには「いくつかの不適当な表現を用いることなしに」相手に分からせることができなかった（CO 5,458; OS 1,527; CStA 1/2,487, Zl. 42-489, Zl. 2）。他方、ツヴィングリとエコランパディウスは、近年の世紀に定着してしまっていた「嫌悪すべき偶像崇拝」への彼らが批判を行うときに、目的をはるかに越えて行ってしまった。

彼らは、われわれが聖餐式で、どのようなイエス・キリストの現臨を信じており、キリストの肉と血とのどのような交わりをそこであずかるのかを説明するのを忘れた。それはルターが「彼らは何ものも、その霊的な影響なくただのしるしとして通用させようとしなかった」と考えた程度だった。このように彼は彼らに勇敢に立ち向かい始めたのだった。そうだ、彼らを異端者として公然と弾劾し始めたのだった（CO 5,458; OS 1,528; CStA 1/2,489, Zl. 18-23）。

カルヴァンは、二つの派の立場をまったく好意的に、解釈したし、自分自身の理解を、両派が受け入れ可能な中間点とした。しかし、ツヴィングリとエコランパディウスへの距離よりはルターへの距離が近かった。イエス・キリストが諸要素に占める空間的な含みについてのルターの傾向を斥けたのだが、聖餐式で——霊的に理解されるべき！——キリストの現臨に固執することにすべての重心を置いた。ルターのように、カルヴァンは、サクラメントとは、言葉と並んで、「主がイエス・キリストとの交わりに私たちを導いてくださる」（CO 5,435; OS 1,505; CStA 1/2,447,

Zl. 12f.）手段であることを強調した。その後の経過に特徴的な、教派成立の傾向がカルヴァンとルターのもともとの近さを覆ってしまうことになった。少しその前に、ルターはブツァーへの書簡でカルヴァンについてとても肯定的に述べており、よろしくと伝えている。ルターはカルヴァンの『サドレ枢機卿への返書』を「並外れた喜びをもって」（«cum singulari voluptate», WA. Briefe 8,569, Zl. 30f.）読んだという。その書簡で、カルヴァンは一五三九年に、一五四一年の『聖餐式についての短い論述』と少なくとも同じ聖餐論を主張していたことになる。

『サドレ枢機卿への返書』（CO 5,385-416; OS I,457-489; CStA I/2,346-429）は、カルヴァンがシュトラスブルク時代に編み、比較的広い影響を持った書物だ。もっともなことだが、今日に至るまで、宗教改革そのものについての最も素晴らしい擁護文書の一つとして通用している。短く正確に、宗教改革を不可避とした苦境と宗教改革の教えが書かれている。この文書のきっかけは、一五三九年三月にジャコブ・サドレ枢機卿がジュネーヴの市参事会と市民たち宛に詳細な文書を書いたことだ。一五三八年に説教者を解任した関わりで起こったごたごたに直面して、サドレはジュネーヴ人に対して、ただ一つのまことの公同教会へと戻ることを要求した。教皇パウロ三世によりリヨンに招集された会議は人文主義の考え方をもった学識者にこのことを託した。それは彼の学識と、何事にも左右されない様子は改革を目指しているグループからも高い評価を得ていたからだ。サドレの文書は用心深く、控えめで、明白に好意的に表現されていて、ジュネーヴでは少なからぬ影響を与えることができた。ジュネーヴととりわけベルンでは、新しく任職されたジユネーヴの牧師たちが適切に解答できると信じなかったのでカルヴァンが頼まれた。ベルンのギムナジウムの監督であり、後のバーゼル教会の司教であったシモン・ズルツアーが、しかも本人がサドレ文書をシュトラスブルクに持ってきた。最初のためらいのあとで、カルヴァンは引き受け、一五三九年九月一日にはすでに返書を書き終えることができた。

特に教会分裂への非難をカルヴァンは大変真正面から受け止め、教会の一致への根本的な熟考をもって、分裂を斥けた。教会の一致は、組織上や教えの上での結びつきにはなく、キリストの声が聞かれているということにあるとした。そのようにしてのみ、聖なること、公同であること、使徒性の古い原則は保たれる。教会とは、カルヴァンの定義によれば、「すべての聖なる者たちの結びつきであり、聖なる者たちは、全世界で、すべての時代を通じて離散しているが、しかし一つのキリストの教えと一つの霊により結びついており、信仰の一致と兄弟姉妹の協調から離れないし、それを育成する者たちだ」(CO 5,394; CStA I/2,369, Zl.6-10)。これに即して、どの現存する教会も批判的に測られる必要がある。この論証の要点は、以下のような二重の批判の際の聖霊神学の先鋭化だ。教皇の教会では教会の主がもはや聖霊にはなく、権威がヒエラルキーという「客観的な」職制に置かれていると言い、宗教改革運動の中の急進主義者である、再洗礼派には、そこでは聖霊の権威が「主観的な」個々の良心に都合の良いように委託されているとカルヴァンは論証する。このような二つの間違った発展が教会の一致を犯したのであり、キリストの言葉を聞くことにより事が決められていく宗教改革の教会が教会の一致を犯したのではない。

カルヴァンの文書はジュネーヴの市民が自分たちの改革路線を強めるという目的をかなえた。カルヴァンはこのとき以来、さまざまな方面から絶え間なく、ジュネーヴへ戻るように求められた。けれども、彼がこの町の自分の職務を最終的に再び引き受けるまでそれからほとんど二年の年月がかかった。カルヴァンは抵抗したのだ。「日に何千回も堕落しなければならないという、この十字架より、むしろ何百回も死んだ方がよい」と、一五四〇年三月二九日にファレルに宛てて書いている（CO 11.30; Schwarz I.142）。また一年後の一五四一年三月一日にも、ヴィレに対して同じように断固として拒否しながらこのように書いている。

私がここよりもっと尻込みするような場所は天下に他のどこもない。それは私がそこを憎んでいるのではなく、そこでどのような困難と戦わなければならないかを、はっきりと分かっているからだ（CO 11.167）。

その間に勢力図は「ギエルマン」――カルヴァンとファレルの支持者をファレルの名前に従ってこう呼ばれた――に有利に変化した。この急変の理由は、秘密の追加契約にあった。これはジュネーヴからの三人の代表がベルンと結んだもので、それによればヴォー州内のジュネーヴの利益が明らかに損なわれたのだった。州民の中では支配政党に抗する雰囲気に転じてきて、その配下にある者たちは、ジュネーヴとベルンの関係を調整していた規制から「規制者」

（Artikulanten）とか、からかわれて「アンティチョーク」（チョウセンアザミ）と名付けられた。一五四〇年の春の選挙ではギエルマンはいくつかの議席を増して獲得した。ベルンが契約から結果する権利を主張したので、債務者の処罰への要請がだんだんと大きくなった。その結果これらの債務者がジュネーヴから逃げて行き、小議会の空いた議席がギエルマンによって埋められた。規制者の最後の反抗は、衝突に至り、二人の死者が出た。議会が決定したのは、主債務者である規制者のジャン・フィリップを裁判にかけることで、彼は一五四〇年六月一〇日に処刑された。

新たに任職した説教者のジャン・モランとアントワーヌ・マルクールもまた七月と九月に街を去ったときに、責任を負った人たちがカルヴァンの帰還に努力した。カルヴァンは一五三九年七月にシュトラスブルクで市民権を獲得したので、――彼は仕立て屋の組合に割り当てられた――そこの親方たちが許可を与えなければならなかった。何度も嘆願状を書いた末にようやくカルヴァンとシュトラスブルク市民は折れた。カルヴァンの抵抗を破ったのはまたしてもファレルだった。カルヴァンはファレルに「選択肢を持っていたのだったら、むしろ君に従う以外のすべてを喜んで行っただろう。しかし自分が自分自身の主人ではないことを知っているので、自分の心臓をいわば殺して、主に犠牲として献げる」（CO 11,100; Schwarz 1,164）と書いた。一五四一年九月二日にカルヴァンは出発し、九月一三日にジュネーヴに入った。

9　ジュネーヴ（一五四一―四二年）
――教会規律の再編成

ジュネーヴの市参事会はカルヴァンを極めつきの慇懃さで迎えた。シャノワン通りの住居を提供し、他の牧師たちの二倍の謝儀を可決した。期待に反してカルヴァンは、司教座教会サン・ピエールでの最初の説教を、これまでの経緯の根本的な決着であるとか、これからの計画の目標設定には利用しなかった。その代わりに、聖書全書を通読する講解説教の過程で、二年半弱前に中断しなければならなかった箇所から続行した。このことで表現しようとしたのは、しばらくの間妨害されたとしても、自分の任務を真実に続けていくつもりであることだった。これに沿って、小議会の最初の会合ですぐに、教会規律を取り入れて教会規則を形成することを要求した。高位の人たちが占める議会委員会が設立されたが、草案を書いたのは主としてカルヴァンだった。一五四一年九月二七日にはすでに文書は提出されて小議会が検討した。一一月九日には二〇〇人議会が修正版を賛成し、一一月二〇日には市民会議も賛成した。ここで取り組まれた変更が示すのは、この世の支配者たちが、教会の問題についても、すでに得ている支配力を失わないように、また牧師の権限を制限するようにしたいという猛烈な努力だ。

聖書箇所に由来する、シュトラスブルクの前例に従って草案された職制については議論の余地はなかった。曰く、主はご自分の教会を導くために四つの職を定められた。牧師は、公に、そして魂の看取りをする会話の中で、み言葉の告知をすること及びサクラメントの執行が義務づけられた。教師は、正しい教えを保つことに責任があり、神学教育だけではなく、教会が責任を持っている学校の全領域で働く。長老は、教会員の生活の監督を行う。執事は、貧しい者と病気の者たちの面倒を見ることに従事する。職制の分担と同様にほとんど議論の余地がなかったのは、『教会規則』の第二部に編まれた礼拝と他の教会の活動について計画された規則で「物乞いの禁止」を含む。

市参事会により企てられた変更はすべて根本的なテーマを衝いていた。それは教会の権力と世俗の権力の関係だ。カルヴァンの草案に提出されていた文章がこの問題を示している。教会の統治（gouvernement spirituel）の独自性は、「私たちの主がみ言葉により説明し、整えたように」と強調されているが、同時に市長、大小の議会は、すでに規則の最初の文章において、「私たちの主の聖なる福音の教え」を純粋に保つために責任があるという要求を言葉にしている（CO 10/1,16）。

教会の権力と世俗の権力の関係がはらむ紛争が、教会規律の規則で具体的になった。教会規律の運用は牧師たちの他に一二人の長老たちが属していた小会の手にまかされていた。議会議員は、長老たちを決めることも、牧師職への候補者の選出にも、自分たちの決定権に固執した。牧師たちの権利はただ助言することだけだった。文書へのカルヴァンの追記によって、長老たちは、明文をもって「主から委託を受け、小会に加えられている」と説明された（CO 10/1,21f.）。小議会から二人の代表、六〇人議会から四人の代表、大議会から六人の代表を選ぶという規則が組み入れられることは、カルヴァンには問題ではなかった。けれども、彼の『綱要』の教会規律を扱っている章ではこの世の権力がこのような参与をすることへの相応しい注記はない。ともかくも、カルヴァンは新市民（bourgeois）もまた、大議会や六〇人議会に議員として選ばれうるのだから、長老になりうるとした。

長老会は罰を科することはできず、単に警告を与えることができただけだ。一五四三年に小議会はこのことを新たに交渉の上で確認した。そして一〇年後にもう一度。聖餐式から排除して、限られた期間聖餐停止の戒規を執行する権限は、カルヴァンから要請された。しかし長期間の戦いの後にやっと、ほぼ一五年近くもかかって長老会にあるとされた。毎週開催されていた長老会の審議は事情聴取と勧告に限られ、罰を科すという権利は小議会ないしは長老会が報告義務のあった市長に留保されていたのだ。

ヴィレム・ファント・スパイカーは、教会規律遵守の事情について、次のように概観している。

教会規律遵守は宗教領域に的を定めていて、特にローマ教会のカトリック主義のぶり返し、さらにまた異端的な考え方に向けられた。信仰的事柄についての許容されない知識あるいは疑わしい考え方などだ。教会への参加がおろそかにされているとか聖餐式に加わるのになげやりであるという理由で何度も長老会の前に呼び出された。牧師を侮辱すること、とりわけカルヴァンを侮辱すること、長老会への不服従や後にはフランスからの亡命者への侮辱も厳しい勧告の理由となった。道徳の領域は厳密に監視されていた。婚姻の破談、売春、わいせつ行為、同性愛関係が厳しく罰せられた。踊ることやふまじめな歌を歌うこと、魔術行為、暴力行為、飲酒依存、撲殺のような不道徳も同様だ（van't Spijker, 164f.）。

教会規律の実践は、聖書の基準（マタイ一八・一五以下）からは遠かった。聖書の基準によれば、もし公の違反行為が問題となっていなければ、兄弟姉妹間で戒めたとしても、すぐに公開の場では行われるべきではない。しかし、この時のジュネーヴでは長老会が基本的に市参事会の諮問委員会であったので、法的構造からしてすでにそうではあり得なかった。カルヴァンは、今や少なくとも、時代の弱点の一つに対応する規律（disciplina）を持つに至ったと考えた。

宗教改革者たちの間では、世俗の権力と教会の権力との明確な違いに関する基本線に異論はなかった。カルヴァンもまた常にそれを強調した。しかし、道徳規律と教会規律については、世俗の長たちに責任があるかどうか、異なる立場があった。チューリッヒ（とベルン）では、ツヴィングリの理解に沿って世俗の長の事柄として扱っていた。それに反して、バーゼルの改革者であるエコランパディウスは、広範囲に影響を与えることになった一五三〇年の市議会の前で行った演説で、教会規律を教会裁判所の管轄であると強調した。カルヴァンは、バーゼル滞在時の一五三六年に印刷された、この演説を知っていた。またシュトラスブルクに滞在していた一五三八年と一五三九年にブツァーが書いたこれについての紛れもない敷衍もカルヴァンは同様に熟知していて、これに沿って、自分も方向づけていた。

教会規律の問題でのツヴィングリ派の立ち位置は、基本的には旧約聖書でのありように根拠づけられていた。バーゼルのオズワルド・ミコニウスへの手紙で、カルヴァンはモーセやダビデへの参照を妥当としなかったと、この立場へ異議を唱えている。確かに「敬虔な王たちは……整えられた秩序を自分たちの力で守ったとしても、教会には裁判権を、司祭たちには神より与えられた彼らの地位を委ねるのがふさわしい」(CO 11,379; Schwarz 1,217f.)。市参事会の代表たちが教会法(*Ordonnances ecclésiastiques*)の中に、教会規律の規定に加えた結びの言葉はカルヴァンの立場とまったく一致できるものだった。

そうしてこのすべてのことは、次のように起こるべきである。すなわち、聖パウロが命じているように、牧師は民事の裁判権を持たず、ただ神の言葉の霊的な剣を取り扱う。長老会は、議会の権限や、その名に値する司法権を決して傷つけず、むしろ民法は完全な一つの領域であるべきだ(CO 10/1,30; CStA 2,273, Zl. 27-36を参照)。

強調しておきたいことは、市民の生活を包括的に規制する権利について、カルヴァンと世俗権力の保持者との間では議論されなかったことだ。共同体の秩序は、今日とはまったく異なり、習俗規範的生活様式の最もプライベートな領域をも含んでおり、「良き統治」と名付けられていたが、その目指すところは、近代国家発展の重要な動機だった。改革者たちはみな、世俗の支配機関の職の尊厳を強調したので、この発展に重要な寄与をしたといえる。しかし、ジュネーヴの改革者の特別な業績は、エコランパディウスとブツァーの試みを継続し、世俗の権力の課題を霊的な支配に拡大していく危険を制限しようとしたことだ。宗教改革が、敵対的な考えの世俗の支配機関との摩擦に転化していかざるを得なかったところでも、彼の神学は刺激を与えることになった。カルヴァンの教えは、霊的な支配機関と世俗の支配機関の距離関係について助けになっただけでなく迫害の状況においても、故郷フランスで、スペイン支配下のオランダで、またそこを越えて広く、信仰の兄弟姉妹が教会生活を立てていかなくてはならなかったところでも助けとなった。

教会の秩序（*Ordonnances ecclésiastiques*）は、教会規律の他に、牧師たちの間での教えの一致と純度を保つための規定も提供した。ジュネーヴの宗教改革の状況は、徹頭徹尾不安定で、さまざまな側面で危険が迫っていたので、こうした規定は生き延びる上で重要なことだとカルヴァンは判断した。金曜日ごとに、牧師たちは、聖書本文を釈義し、それについて語るために集まらなくてはならなかった。それは「公開聖書講解」(Congrégation)と名付けられた行事から、後に、公開の説教とその後の「敬意に値する牧師集団」(Venerable Compagnie des Pasteurs)の輪での討議となっていった。それに加えて三か月に一度、牧師たちは道徳的態度について相互に判断しなければならなかった。このような「道徳の検査」(Censura morum)は、ただちに、参事会の側の疑い、すなわち牧師たちが再び、かつてのカトリックの司祭のように教皇の法に従って、世俗の立法から抜け出ようとしているという疑いを引き起こした。

教会規律と、いくつかの正当な教えへの配慮と並んで、カルヴァンが一五四一年以降行った新規事業の中で特に重要な領域は、子どもたちと若者たちを教えることだった。非常に急いで、一五四一/四二年には新しい教理問答を編み、最終稿の前であるのに印刷が始まったほどだった。それというのも、カルヴァンは、一五六四年四月二八日にジュネーヴの牧師たちに宛てた別れの辞で強調しているように、市民を教会規則と教理問答へ義務づけることをもたらすことができないなら、ジュネーヴの仕事を再び引き受けるつもりがなかったからだ(CO 9,894; CStA 2,301, Zl. 8-18を参照)。一五三六年の『綱要』と一五三七年の教理問答ではまだルター式の律法と福音という順序に従っていたが、一五四二年の新しい教理問答ではその順序は放棄された。十戒は、いまや信仰告白に次いで説明され、それにより、律法は第三用法という意味で(「生まれ変わった者たちの中で」)聖化の範疇で扱われる(本書一四七頁以下を参照)。問いと答えという形で編まれた教理問答はブツァーの一五三四年のシュトラスブルク教理問答の影響を示しており、一五三九年の『綱要』と同様、ブツァーにより影響を受けたカルヴァン神学の変化を写し出している。フランス語圏では、一五四二年の教理問答が最も重要な教理問答となった。そのラテン語翻訳はフランス語圏を越えて影響を与え、中でも一五六三年のハイデルベルク信仰問答に影響を与えた。ハイデルベルク信仰問答は、後に改革派の領域の至るところで最も重要な教理問答となった。

カルヴァンが議会の側から得た高い評価に特徴的なことは、彼が教会の領域を越えて広くあった形成課題のために貢献したことだ。カルヴァンの卓越した法的素養については知られており、さまざまな委員会での権限を秩序立てていく過程で、また一五四二年の法制定の再構成の過程で、法の制定や改訂はカルヴァンに任せられた。けれどもその際に問題であったのは、根本的な新しい考え方ではなく、触れ回り役の職務上の義務とか、火災の際に考慮されるべき規則というような細則を法的に議論の余地無く編むことだった。

10　教会規律の実践をめぐる争い（一五四三―五五年）

管轄領域について牧師たちと世俗の統治者で異なる考え方があったにもかかわらず、両者には建設的に共働する意志があった。これはとりわけ外交上困難な状況に理由がある。ベルンとの争いにより、最も重要な盟友を失い、継続してサヴォア侯の権力欲に曝されているという自覚があった。だからベルンに近いカルヴァンの敵を再び吸収統合すること、もしくはジュネーヴに取り戻すことを避けて通ることはできなかった。一五四一年の帰還後に、カルヴァンの位置は強められたが、しかしその後ほぼ一五年にわたり、一方で、他の牧師たちとの拡大していく争いが、他方で、大部分の参事会員との争いが続いた。一五五五年にこれらの争いが解決してから初めて、ジュネーヴでのカルヴァンの位置は皆に認められた。それ以前は、自分の権威をめぐり、ときにはジュネーヴに滞在するために戦わなければならなかった外国人、あるいは亡命者の役割に甘んじていた。霊的な専制君主という一般的なカルヴァン像はこの現実を見間違えている。

指導的なジュネーヴ人が、長老会もしくは牧師たちに決定された秩序維持の処置を蒙ることを拒絶することで、あるいは牧師たちのそれにまつわる要求に大っぴらに批判することにより、論争には繰り返し火が付けられた。他所でも知られていた改革者と参事会との間の権力争いは、第一には、カルヴァンの神学的な基本線により強化された。というのも、フランスで迫害されたプロテスタントとしての経験で得た視野が、他の改革者に増して、教会規則とキリスト者の行状に関する責任を世俗の裁判所に委ねることを不可能にした。第二には、自意識があり、古くから住んでいるジュネーヴ貴族には、司教を成功裏に追い出した後で、国家運営上の付け加えられた権限を再び放棄する用意はなかった。それに加えて二つの別の要素が争いを先鋭化させる役割を果たした。

ここで、カルヴァンの人格に言及せざるを得ない。カルヴァンはたぐいまれな「何かを形成する意思」を持っていて、反論を受け入れることは、難しいか、不可能だった。この意味では、容赦のない首尾一貫性で自分の目的を追ったのだ。自分を恐がりで、臆病だと思っていたときにでさえそうであった。自分自身のことを神の道具として見ていたが、道具は、自分の責任においてではなく、請け負って行動する。それゆえに妥協することは、おのずから問題であった。カルヴァンの場合は、形成する意思に相応しい、たぐいまれな能力があった。抜群の記憶力、法律家としての卓越した教育、それに神学上の知識と論述能力があった。それは初期の頃から彼を有名にし、例えば一五四〇／四一年の宗教論争の時に、不可欠な同志であることを証明した。このような能力に対して、敵はほんのわずかしか対応するものを対置できなかった。彼らが権力の保持者であったとしても。

結局、論争は、絶えず増大する信仰上の亡命者の流入により、ダイナミズムと劇的緊張をもつこととなった。三〇年代にしてすでに、ジュネーヴは、生産手段を持たない亡命者の比較的大規模な数の面倒を見なければならなかった。例えば一五三八年一〇月から一五三九年一〇月までの時期には、ジュネーヴ救貧院は、一万人以上の外国人を、彼らの多数が更に逃亡を続けていくようになるまで、少なくとも、必要最低限度の世話をしたことが記されている。一五四二年一二月にペストが蔓延し、一五四三年夏に急速に悪化したときには、亡命者への対処は衛生的理由からも明らかに制限された。一五四六年以降は、亡命者の扱いが変化した。今や、批判的で敵対的な声が大きくなった。第一に、昔から住んでいた人たちは、亡命者が大幅に増え、ペスト蔓延により住民が減少した埋め合わせに新たに市民権を得ることとなったことを、危険だと考えた。さらに決定的なことは、カルヴァンが一五四一年から一五四六年にかけて、ジュネーヴに、良い教育を受けた協力的な牧師のグループを確立することに成功したことだ。彼らのほとんどはフランスからの亡命者だった。彼らが決然と自覚的に講壇に登場し、長老会あるいは小議会に加わっていくことは、古くからのジュネーヴの家族には大変な違和感を醸し出した。

結局、一五四六／四七年以降、帝国やヨーロッパでの政治変化が新たな脅威となり新たな亡命者の波を起こした。一五四七年四月に皇帝は帝国内のプロテスタントたちを完膚無きまで叩き、皇帝が科したアウグスブルク暫定措置（アウグスブルク仮信条協定とも訳す）を受け入れようとしなかったプロテスタント領邦と帝国都市に対して、いまや断固たる処置で報いた。列をなして通り過ぎていくスペイン軍、教皇による兵隊召集、包囲された福音主義の帝国都市コンスタンツの破壊などの情報はジュネーヴにまさしくパニックを引き起こした。同様にフランスでの進展が、不安に満たされて凝視されていた。というのも、フランソワ一世の息子であるアンリ二世の統治者就任によって、フランスでも、プロテスタントと、彼らを支援しているジュネーヴ市に対する厳しい処置の到来が予告されたからだ。この状況と、増加する亡命者流入に直面して、ここジュネーヴでは再び、在住外国人が危険だと強くみられるようになった。

一五四九年来、フランスからは裕福な人々（一部は貴族であった）が逃げてきたが、それは同時に経済上の競争を意味した。一五五〇年にはジュネーヴで市民権のあるなしかかわらず一万三〇〇〇人が生活していたが、毎年およそ五％ずつ増加し、一五六〇年にはすでに二万一〇〇〇人となっていた。とりわけ市としては収入源として手続き料金が必要だったので、一五三五年と一五五四年の間に毎年平均二三人のフランス人亡命者が市民権を得た。一五五五年から一五五七年までの間に、小議会の中のカルヴァン擁護者たちの勝利により、その数は毎年一二〇人余に急上昇した。いまや大議会、六〇人議会、長老会にも新市民の数が継続的に増加することが、激しく議論の対象となった。カルヴァンは一五五五年七月のブリンガー宛の手紙の中に、自分で明確に、「明らかに増大した新市民の数は自分の仕事への支援を向上させた」と書いている。一五四六年以降にジュネーヴの貴族や個々の古くからのジュネーヴ人たちとカルヴァンが行った、実際上すべての議論の中で、自分たちの能力を越えて、不当な支配力を行使しているフランス人たちについて声高に議論された。一五五五年五月の暴動で処刑されたフランソワーダニエル・ベルトリエは、カルヴァンの敵の一人であり、サヴォア侯に抗する戦いで倒れた者の息子であったが、死を前にして言った。「さようならジュネーヴ、最後には、フランス王がこの町の市民になるだろう」(Naphy 1994, 139 に引用されている)。

ウィリアム・ナフィの研究は、外交上あるいは内政上の脅威の度合いと、カルヴァンあるいはその信奉者たちと参事会員あるいは古くからジュネーヴ在住の家族たちとの間の摩擦の激しさとの間には、直接の関係があったことを数年前に確証することができた。外交上の危険事態は、一五四一年後にはまず両者の協同の強化を導き出した。内政上の混乱は乗り越えようとされ、ベルンとの衝突は解決されようとした。同じように一五四三年から一五四五年までただならないペストの蔓延が作用した。このような脅威が過ぎ去るとただちに衝突が始まった。

一五四六年一月二六日には、小議会議員で名望家のピエール・アモーはカルヴァンを鋭く攻撃した。宗教的な変化は、トランプ製造者としての彼を、経済的に台無しにしたが、それに責任のある市参事会布告は、カルヴァンがジュネーヴに到着する前にすでに公布されていた。アモーのカルヴァンへの反感はむしろ、彼の妻であるブノワットが不倫行為で訴えられた離婚訴訟の結果である。カルヴァンは夫妻に和解を勧めたのだ。数年後に妻が改めて不倫で逮捕された後になってようやく、アモーは離婚することができた。彼の家の夕食でたっぷりのぶどう酒がふるまわれたあと、カルヴァンを攻撃して、間違った教えや人格的欠損、町が「フランス人」に支配されることになった権力意志を批判した。権力意志に関係づけたのは、カルヴァンが数か月前にジュネーヴ出身の修道士であるジャン・トロイエが牧師として任職されることを妨げたことだ。この人はブルグントの修道院を去り、故郷に戻って牧師となろうとしたのだった。

長い議論の後に、カルヴァンや牧師たちの側からの相当な圧力に従い、小議会は住民から多くの支持を得ていたアモーに悔い改めと謝罪を科した。シャツ一枚だけを身に纏い、たいまつを手に持って町中を回らなければならなかった。そして神とカルヴァンと参事会に赦しを乞わなければならなかった。名望家である市民に対する極めて自尊心を傷つけるこのような処置は、住民たちの間に争乱を呼び起こし、サン・ジェルヴェ教会の前には警告として絞首台が建てられたほどだった。当然ながら、このような政治は「フランス人」牧師に対する反感を更に助長した。

同様に一五四六年初めの四半期に、カルヴァンもしくは牧師たちと、影響力の大きなファヴル家との間の持続的な摩擦が始まった。一月には、長老会は、アミ・ペランの妻であるフランソワ・ファヴルと母ペルネット・グラントの間の絶え間ない争いを戒めた。ペランの姑であるフランソワ・ファブルは、猥褻の疑いがかかったが、長老会に出頭することを拒否した。最終的に出頭したときには、長老会が持っている裁判権を不適切だと批判した。引き続き三月四日に開催された会議で、不服従と不適切な演説のかどで出頭を命じられた息子のガスパルもまた同様な意見を述べた。自分の父は「外国の牧師」に傲慢なやり方で扱われたというのだ。カルヴァンが彼を問い詰めた時に、彼は、市長と、町の市民でかつ参事会の成員である紳士たちの前でだけ返答するつもりであり、牧師たちの前では返答しないと言った。

三月二六日に小議会の元議員アントワーヌ・レクトは、自分の娘と処刑された「規制者」(Artikulant) ジャン・フィリップの息子であるクロード・フィリップの結婚式を祝った。この祝宴で客たちは現行のダンス禁止にもかかわらず踊った。数日後に参加者の数名がこれにより逮捕された。しかし彼らは、ダンスしたという事態はなかったと申し合わせていたほどだった。これについてカルヴァンはある説教で激しく攻撃し、彼らを「獣」と罵倒し、踊る人たちをならず者とか悪党と呼んだ。聴衆は抗議表明をもって反応し、大議会議員エメ・アリオッドが立ち上がりカルヴァンの言ったことを斥けると、礼拝は喧噪の中で終了した。

四月には次の衝突が起こった。ガスパル・ファヴルと数人の他の若者たちが復活祭礼拝の最中に宿屋の庭でボーリングをした。牧師たちの相当な圧力に従い、宿屋の閉店が布告された。その代わりに、人々が一緒に聖書を読んだり、霊的な訓練を与え合うことができるように「修道院」が開放されることになった。この新しい提案は明らかに大変限られた共感しか得られず、一か月後には宿屋再開の許可を与えなければならなかった。

数週間後には、再び大変な衝突がもたらされた。小議会は四月にカルヴァンの同意を持って、使徒言行録に基づいた劇の上演を許可した。開演予定の一週間前の六月二八日にミシェル・コップ牧師が説教の中で、俳優として劇に出演する者たちを身持ちの悪い者たちと同一視した。説教を聞いている者たちの反応は激しく、コップは説教壇から押しのけられて、さんざんに殴られる危険にさらされた。カルヴァン自身も彼の命を案じた。

ついに、夏になってある摩擦が始まった。洗礼の際の命名に関する争いであったが、その争いの意味は長く過少評価されていて、ウィリアム・ナフィの研究により初めて浮き彫りにされた。八月三〇日にカルヴァンは、小議会に宛てて、洗礼時に与えられることが許される名前についての決議を要請した。それに先立っていたのは一人の牧師と、自分の息子をクロードと名付けたかった理髪師アミ・シャピュイとの衝突だった。洗礼盤のところで、牧師はあらかじめ警告することなくアブラハムという名で洗礼を授けた。これについてシャピュイは議会に抗議を挙げた。カルヴァンと残りの牧師たちは、聖人崇拝が継続したり、再燃することを防ごうと、過去のジュネーヴで聖人を想起させる名前の命名禁止リストが作られることを提案した。それらの代わりに聖書にある名前が選ばれるべきだというのだ。議会は延長戦略で応じたが、このリスト作成を防ぐことはできなかった。その結果、この件で大変な苦痛を起こすことになった衝突が繰り返し起こった。少なくはないジュネーヴ人たちは、フランス人牧師たちが最もプライベートな家族の事柄まで掌握し、彼らに古来の名前を禁じたことに大変な怒りをもって反応した。

一五四六年夏以来始まったシュマルカルデン戦争に由来する脅威に直面し、この対決はひとまず緩和した。一年後の一五四七年六月になって、次の激しい衝突が勃発し始めた。一五四六年三月二六日のアントワーヌ・レクトの娘の結婚式の後でダンスを踊って逮捕された者たちの一人であるジャック・グリュエは、フランス人牧師たちの支配についての怒りをまったく独特の仕方で表した。この元修道士は、一五四七年六月二七日に、牧師に反対する脈絡のない脅しの書かれた紙片を主教会サン・ピエールの説教壇に貼った。続いて行われた尋問で、彼はカルヴァンをフランスのスパイと表現し、またいくつかの非正統的な宗教的見解をまとめた。拷問を受けてフランソワ・ファヴルやジャン・ファヴルも同じようにカルヴァンに反する発言をしたと陰口を利いた。彼の住居で見つかった評判を落とす文書も根拠になり、グリュエは、一五四七年七月二六日に処刑された。

シュマルカルデン戦争に敗れた後の危険をはらんだ状況下で外国勢力との共謀の疑いが明らかになり、一五四七年九月二二日にフランソワ・ファヴルの義理の息子で、初めはカルヴァンの支持者に数えられていたが後に決定的な対立者となったアミ・ペランが逮捕された。すぐに同様の疑いがフランス人亡命者ロラン・メグレにかけられた。ベルン大使は同国人の牧師たちにペランの無実を裏付けようと試み、議会は最終的に一つの妥協点を見出した。皇帝とその軍隊による脅威が新たに強化されたことに直面して、ペランは再び総督として任命された。

一五四九年七月末に、外交上の危険が過ぎた時にカルヴァンの説教をきっかけに新たな抗議が起こった。摩擦がエスカレートするのに長くはかからなかった。問題になったのは、街での「フランス人」のもつ影響力の増加で、再び脅威として受け取られた。一五五一年の選挙の前に、古くから定住しているジュネーヴ人からのみ形成されている小議会は、新市民の選挙権を制限しようとした。新住民は市民権を得た最初の二五年間は、選挙権がないというのだ。感情的になった議論には広範囲の争いが混じることになった。フィリベール・ベルトリエ他は「フランス人」牧師のふるまいに抗議した。一五五二年初めの選挙ではカルヴァンの敵対者が明らかに得票数を増やした。さまざまな違反行為のために陪餐停止となっていたベルトリエは司法当局の指導的立場に選出された。牧師たちの法布告の提案は「フランス人たちとジャン・カルヴァンがわれわれを支配する」試みであると厳しい言葉で退けられた。トロイエは一五四五年にカルヴァンにより、牧師職に入ることを妨げられ、その当時一種の公証人として参事会のために働いており、議会を激しく批判していたカルヴァンの手紙を公にした。カルヴァンは弁明するのに苦労した。

一五五三年には対決は更にエスカレートした。長老会から陪餐停止されていたフィリベール・ベルトリエは、このような裁判組織の権限を認めることを拒否して小議会に控訴した。小議会は陪餐の権利を彼に認めた。カルヴァンはこれに対し、自分はこの決定に抵抗するだろうと告げた。一五五三年九月三日の日曜日、カルヴァンは自分の意図にあった教会規律の原則を表明した。友人であるヴィレにこう書いている。「私は、主の聖餐に対してこのような恥ずべき冒瀆をするよりは、むしろ死を受けようと誓った」(CO 14,606; Schwarz 3,653f.)。劇的な先鋭化が見越されることから小議会はベルトリエに自由意志で陪餐しないことを要請することを密かに決めた。カルヴァン自身は、自分がジュネーヴから二度目に追放される準備をした。

その後カルヴァンが小議会に出席しているときに、陪餐停止を行う権利は誰にあるかという法規に関する議論があった。更にその翌日には、カルヴァンは、聖餐を汚すことに対して死あるいは国外追放を選ぶべきだと表明した他の牧師たちの支持を得た。まずはそんなところで落ち着いた。しかし一五五四年三月二〇日にはベルトリエのある表明が新たに議論を燃え上がらせ、小議会は、スイスの他の教会から、教会規律の適用について所見を求めた。チューリッヒもベルンも、決定は世俗の会議にではなく、教会の会議としての長老会にあるというカルヴァンの立ち位置を支持しなかった。ベルンの返答は、そもそも陪餐停止についてはまったく知られていないというものだった。バーゼルはベールをまとい、自分たちの規定だけを送ってきた。カルヴァンは決議を強く求め、結局ベルトリエは長老会と和解するように要請された。一五五五年一月二四日に大議会と六〇人議会は以前の決定を保持するべきだと告知した。首席市長（市長は一人ではない）が長老会の権限に賛意を表した。カルヴァンは一五五五年二月二四日のブリンガー宛ての書簡でこう書くことができた。「先頃、長い戦いの末に、やっと破門の権利がわれわれに認められました」（CO 15,449; Schwarz 3,757）。

一五五五年にカルヴァンとその支持者の有利に展開した重要な前提は、センセーションを起こした少なくない「犯罪事件」であった。それにより、ジュネーヴでは無秩序と不道徳が拡大しているというカルヴァンや他の牧師たちの見方が確認できるように見えたのだ。男色（同性愛のこと）の三件が一五五四年に審理された。最初の件は告発された五人をただちに処刑することにより三月で終了した。第二の件は被告人たちが若かったので、彼らの肖像を焼くことで終了した。これらを背景にして、牧師たちとその支持者の使信は人々を惹きつけた。アミ・ペランにちなんでペラニストと呼ばれるようになったカルヴァンへの反対者たちは、一五五五年の選挙で明確な損失を蒙った。このような状況下で、いまやすでに言及した、新市民の認可が明らかに強化されることになり、カルヴァン支持者の地位を強化することになった。四月と五月に始まった新たな認可の増加は、ジュネーヴ市がバーゼル市に負っている負債のために経済的に必要性であると根拠づけられた。

五月一六日の夕方、会食に引き続いてペラニストの行列があった。それはアルコールを飲んだからとは言えないが、歯止めが利かなくなった。組織されたわけではないが、むしろ混乱により起こるに至ったこうした抗議行動は、暴動と受け止められ、逮捕に至った。混乱の中、市長とも殴り合いになってしまったペランは、逃げなくてはならなくなった。一五五五年五月二四日の小議会の参加者としてなお記録に残されているものの、欠席のままペランは他の人々と一緒に死刑の判決を受け、五月一六日の民衆蜂起の四人の参加者は処刑された。

一五四六年から一五五五年までのジュネーヴでの議論は、これまで、ほとんどカルヴァンの視野で描写されてきている。彼が見ているのは、基本的に、常に、いくつかの古くからの定住ジュネーヴ人とその家族が神の言葉をないがしろにして、それにふさわしい生活をすることを受け入れようとしないことだ。名望家が明らかな違反行為で罪を犯したときに処罰に関して優遇することは、カルヴァンにとってはしゃくの種であった。彼は彼の目にはジュネーヴを支配していると見える不道徳と無規律への批判をしばしば発言した。説教の講壇ではそれは時として激しく行われ、直後の抗議を呼び起こしたり、小議会の公の告訴を受けることとなった。無規律と無秩序に生きていると推定され、キリストのくびきを負おうとせず、カルヴァンから「リベルタン」と名付けられた人々への戦いは、カルヴァンの働きにより収まる。しかし、それに関してジュネーヴの長老会の会議録を調べてみると、カルヴァンの視野そのものは事柄において確認されていないことが分かる。覚書は、性的自由、豪奢なふるまい、賭け事、飲酒あるいは他の形の放縦の激増の例証はない。むしろ処理された件の大多数で問題になっているのは、住民の間や夫婦の間の争いや、宗教改革以前のローマ・カトリックのやり方のぶり返しに関するものだ。とりわけ、長老会の犯罪への処置とカルヴァンの敵対者が責任を持っていた世俗の裁判所の処罰との間に、どのような重要な違いも確認することができない（Naphy 1994, 106-111 を参照）。

長老会で扱われた件が総じて増加していることは、裁判経過が、時が経つにつれてだんだんと長老会記録に反映されることになったことで一番良く説明できる。ジュネーヴ市民とカルヴァンもしくは牧師たちとの間の紛争の件の大半のものが、譲歩がなく、時として傲慢な牧師の態度が怒りや反抗を呼び起こしたため、現実にはひどい紛争へと発展した。これらの人たちもまた、カルヴァンと同じく、自身が亡命者として故郷のフランスでの信仰の兄弟の生存をかけた戦いをありありと思い浮かべており、したがって妥協などにはほとんど向かなかった。

カルヴァンはすべての戦いにあって、自分のやり方について実際に問い直したことはなかった。彼の意見に従えば、あまりにも臆病で妥協に満ちて主張してしまったとか、あまりにも激しく自制なく反応してしまった場合には、確かに自らを批判的に判断することはあった。しかし、消耗させられるが、取るべき道筋の正しさと必要性についての深い確信については、何も影響を与えなかった。この確信は、部分的には迫害の体験あるいは、宗教改革の危険についての理性的な評価に基づいていたと言えよう。カルヴァンは聖書の本文により生きており、ほとんど中断することなく講義で講解した。このようにして、彼は自分の道の意味をモーセとイスラエルの民の旧約の物語の中に見出した。そこでは繰り返して、イスラエルの民の不平不満、過去への逆戻り、間違った道行きが、金の牛を回るダンスに至るまで書かれている。そして本文は繰り返して、モーセの問いかけを報じている。それは神からのモーセへの委託を見失わせることはなかった。カルヴァンはここに自分の一生の意味を見出し、決定的な、霊的で宗教的な支持を見出した。カルヴァンが道を行くときの妥協のなさは、旧約聖書の本文の影響史抜きに相応しい理解は不可能だ。

11　教えの一致と教えの純粋さ！
――宗教改革の成果をめぐる闘争

教会規律をめぐる絶え間のない摩擦は、カルヴァンの改革者としての仕事の特徴を示す議論のほんの一部だ。カルヴァンは不断に、教えの純粋さと一致をめぐって戦い、この点ではジュネーヴの参事会とはほとんど一致していた。カルヴァンの広範囲にわたる神学論争の著作は、まずはローマ・カトリック教会に向けられた。サドレ枢機卿に反駁した書（一五三九年）以外に、ユトレヒトの司教座教会首席司祭アルベルトゥス・ピギウス宛て（一五四二年）、ソルボンヌの神学者たち宛て（一五四四年）、トリエント公会議宛て（一五四七年）、アウグスブルク暫定処置に抗して（一五四八年）など、いくつかは膨大な著作を書いた。初めの頃は、みずからの改革者としての志操を公に告知しようとしないいわゆるニコデモの徒に抗しても、また最後には、ルターの個々の弟子たちにも抗して向き合った。同じく、カルヴァンは、再洗礼者たちに抗する書物（『魂の眠り』［*De psychopannychia*］一五三三／四二年、『再洗礼派に抗する簡単な手引き』［*Brieve instruction . . . contre les . . . anabaptistes*］一五四四年）、唯心論的自由主義者の代表者たち（一五四五年）や占星術の信奉者たち（一五四九年）に抗して、同様にありとあらゆる他の迷信の信奉者あるいは宗教改革への反抗者に抗して書物を出版した。

ピエール・カロリ（一五三七／四五）

断固としてカルヴァンが論戦に持ち込んだのは、ジュネーヴでの教えの一致と純粋さに関わることであるか、自らの正統信仰が議論の対象となるときだった。すでに最初のジュネーヴ滞在の間の一五三七年に、彼の正統信仰が問われ、それに見合う正当化の試みが行われた。ローザンヌで、改革者ピエール・ヴィレが留守であったときに、パリ大学神学部博士ピエール・カロリが頭角を現そうとした。故人のために祈るべきだというカトリックのような考え方のゆえに彼は叱責されていた。今や、ヴィレやファレルやカルヴァンに対して、彼らは古代教会の三位一体論を否定しようとしており、その根拠として、ジュネーヴ教会信仰問答では三位一体論がまったく言及されていないという非難で対抗した。三位一体を否定することは、帝国法によれば死刑により罰せられたという限りではこの非難は深刻だった。カルヴァンは弁護の中で、神については、御自身が聖書に啓示されたみ言葉によってだけ語ると説明した。一度も古代教会の信仰告白を自分の正統信仰の証拠として持ち出さなかった。シュトラスブルク滞在中にカルヴァンはカロリに再会し、カロリがこの間にローマ・カトリック教会に戻ったことは、カルヴァンに責任があるという彼の攻撃を聞いた。カルヴァンは著しく激昂し――自分自身の判断でもあまりにも抑制を欠いて――このような、根拠のない告発へ反応した。一五四五年にこの事柄への自分の見方をもう一度説明し、カロリをその気まぐれな性格のゆえに攻撃した（CO 7.311-325; CStA 1/1,230-261）。

セバスチアン・カステリョ（一五四三／四四）

カルヴァンがジュネーヴに戻ってから二年後に、ジュネーヴ高校の教師であるセバスチアン・カステリョとの激論が燃え上がった。カルヴァンは彼をシュトラスブルクで能力のある文献学者であり人文主義者として知り合い、ジュネーヴに連れてきた。一五四三年に、彼が他の人々と一緒に経済的事情から牧師職へと替わりたいと願ったときに、一五四一年の規定に従って組み入れられている話し合いを彼と行った。そのときに、カステリョは旧約聖書の中の雅歌の正典性を疑問視した。これはソロモンが若い時に編んだ愛の物語であり、聖書の正典には属さないというのだ。更に、使徒信条に書かれているキリストの陰府降りについてのカルヴァンの註解に反論した。カルヴァンはジュネーヴ教会信仰問答の「陰府に降り」という表現を十字架上のキリストの良心の最高度の葛藤として理解し、死者の世界でのキリストの説教としては理解しなかった。この問題についてカルヴァンは徹頭徹尾いろいろな理解を許容することができた。しかし聖書の正典性は疑問視されてはならなかった。したがってカルヴァンとジュネーヴの牧師たちは任職を拒否し、カステリョは丁重な推薦状付きでジュネーヴを追われた。その間に彼はバーゼルで教授になっていたが、一〇年後にカステリョは、ジュネーヴの不寛容を憤慨して告訴したらしい。

ジェローム・ボルセック（一五五一）

一五五一年には、その年の春にジュネーヴ近郊のヴェジーに居を定めた医師のジェローム・ボルセックを裁く裁判が起こった。一〇月一六日にこの人は、毎週開催されている牧師の公開聖書講解（Congrégation）の最中に、カルヴァンの教えである神の予定について鋭い言葉で攻撃した。カルヴァンのように教える人は神を罪の創始者で専制君主にするというのだ。またカルヴァンは決してアウグスティヌスを引き合いに出すことはできないのだと。ボルセックの演説に続いてカルヴァンはこの言葉を捉えて、同じように決定的なやり方で反論した。ボルセックは、すでに公になっていた非難を単に再び繰り返しただけではなく、明らかに街の警察隊長のところに連行されたほど激しく行ったのだ。参事会はボルセックを審問させたが、自分たちでは決定できないと考えた。そこでベルンやチューリッヒやバーゼルから専門家の所見を集めた。それらはカルヴァンの立場にとっては、決して異口同音に有利ではなかったが、当局はそこにボルセックをジュネーヴから追放するのには十分なきっかけを見た。

翌年事件の続編が起こった。カルヴァンの昔からの反対者であるジャン・トロイエがもう一度カルヴァンの予定説に対して同様の攻撃を繰り返したのだ。この論争があまりにもすばやく、参事会の全会一致をもって終了したので、ボルセックとの論争はあまりにも重大な結果をもたらすことになった。第一に、ボルセックは、二五年後になって、すでに言及した、影響大であった誹謗の伝記の著者となった。それは二世紀にわたり、反カルヴァンの議論を育み、ジュネーヴの宗教改革者の最も野蛮なカリカチュアの出発点となった。次には、激論は、カルヴァンに予定説をより明白で、より詳細に展開することを強いた。それによりカルヴァン神学の影響の歴史の中で、予定説が後代優勢になった理由の一つとなった。カルヴァンは、救いのすべては神の選びにかかっているという教えを、きっぱりと、また論理的に最後の点に至るまで首尾一貫して弁護した。「神の選びを消し去ろうとするなら、どのような教会、どのようなキリスト者ももはや存在しない」（CO 54,50; CStA 4,80）。それは説き明かされなければならない。

第一に、神を、この方にふさわしい仕方で讃えるために、第二に、私たちの救いを確かめ、まったく自由に神を自分たちの父と呼ぶ求めることができるために。私たちがこの二つの事柄をしっかりと保持しないなら、そうすれば信仰も宗教もなくなる。そうなれば、私たちに災いがありますように！　そうなってもなお神について語ることができよう。しかしそれはただのでたらめだ（CO 51,262; CStA 4,80）。

ボルセックの攻撃に対するカルヴァンの返答は一五五一年のうちにも印刷され、参事会への新年の贈り物として授与された。カルヴァンが続く年月に『綱要』の新版に書き加えた基本的な論究はより影響が大きかった。そこでは、救いへの言及へ均衡を保つための並行事態として、論理的に不可欠な災いの予定を説くという危険に、カルヴァンはいつも陥っているわけではない。また、イエス・キリストが選びの初穂とすることができるばかりではなく、人の罪と罰にふさわしい非難をその身に受けられたという聖書に近い理解もまた、ここではカルヴァンの著作や聖書註解の他の箇所よりも、不明確に展開されている。

ミカエル・セルヴェト（一五五三）

一五五三年秋に、その次の論争が起こった。九月三日、すんでのところでカルヴァンがジュネーヴから離れるかという、教会規律をめぐる衝突が頂点に達するかという直前だった。スペインの有名な三位一体否定者であるミカエル・セルヴェト（一五一一―五三）がジュネーヴで逮捕された。彼の裁判は一〇月二七日に、火あぶり用の薪上の死により終了した。この劇的な先鋭化には、長年のカルヴァンとこの反三位一体論者との交友があった。一五三四年にパリに滞在中に計画された会合は、ド・ベーズの報告によると実現しなかった。セルヴェトは、他の改革者たちと同じように、後にカルヴァンと接触しようとしたが、三位一体論を斥けていることを理由に、話し相手として受け入れられなかった。一五四〇年以来医師としてリヨン近郊のヴィエンヌで開業していた、この知識人からのカルヴァン宛ての数多くの手紙は返答されずに残った。ヴィエンヌで成立し、一五五三年に印刷された著作『キリスト教の回復』（*Christianismi restitution*）は、すでに表題に『綱要』（*Institutio christianae religionis*）の作者との神学論争への要求が表現されている。セルヴェトは、すでに印刷に回す前に、著作の写しをカルヴァンに送ったが、カルヴァンの決然とした拒否を呼び起こしただけだった。古代教会以来通用している三位一体論は非聖書的であると非難されているが、そのところで、セルヴェトの場合には、汎神論とは一線を画していて、新プラトン主義が強く刻印され、世界に内在する神という理解が出ている。自信を持ってこの神学論争を要請しているこの知識人に対して、カルヴァンにはただ厳しい言葉が残っているのみだった。

セルヴェトは、私に先頃手紙をよこした。そしてその手紙には、大言壮語しているひけらかしとともに彼の常軌を逸した教えの厚い著作がつけられていた。そこには、びっくりさせられるようなものや、これまで聞いたことのないことを見出すだろう。もし私が気に染むならば、ここへ来ると彼は約束している。しかし私は何事も保証するつもりはない。なぜなら彼がここへ来たら、そうしたら、彼をもはや生きたままで再びここを去らせないだろうからだ、もし私が何事かを実行できるのであれば（CO 12,283; Schwarz 1,332)。

セルヴェトの『キリスト教の回復』が印刷されたときに、ジュネーヴからのあるヒント——有名な人文主義者のギヨーム・ビュデの義理の息子である、フランス人亡命者のギヨーム・トゥリからのヒント——が著者を割り出した。異端審問の調査が結果をもたらさなかった後で、異端審問の継続を支えたのは、切迫した問い合わせに答えてトゥリから送付された、セルヴェトのカルヴァン宛の書簡だった。逃亡中にセルヴェトはついに八月一三日のジュネーヴの礼拝中に識別されて、ただちにカルヴァンの指示に基づいて逮捕された。異端と教会の規則の妨害と称した二か月半続いた裁判では、告発はカルヴァンの秘書のニコラ・ド・ラ・フォンテーヌが務めた。裁判官にはカルヴァンの敵対者たちもおり、セルヴェトはまだ救出を望むことができた。しかし反カルヴァンに集中した反訴も、品位を傷つける拘禁状況に鑑みた必死の嘆願書も彼を助けることはできなかった。その間に、外国からの態度表明が必要だと願い出られた。チューリッヒ、シャフハウゼン、ベルン、バーゼルの諸都市の議会および「神の言葉の奉仕者」の意見書が一〇月前半に届いて、すべてが危険な異端者の処刑に賛成であると意見が述べられた後、一五五三年一〇月二七日にセルヴェトは、焚刑の判決を受けた。この判決は同日執行された。

法的状況には疑問の余地がなかった。帝国法は三位一体説の否定に死刑を定めていた。ローマ法においては、古典的な三位一体説の反対者の処罰だけではなく、他の異端者（『ユスティニアヌス法』一・一・一ないし一・五を参照）にも処罰が要請されていた。もっと正確にいうと、ジュネーヴでも準拠しているカール五世の拷問を伴う法定秩序でも、一〇六条で瀆神者を「体、命、あるいは四肢で」厳しく罰することを定めていた。カルヴァンがセルヴェトを処刑させた件で、時々目にする判断は、このような事情を隠している。それ以上に、カルヴァンのふるまいについて説明するには、数十年にわたる、複雑で、すべての次元でもはや再構成され得ない個人的な関係を考慮に入れなければならない。セルヴェトが最高度に緊迫している状況で、こともあろうかジュネーヴに入って来たという特異な事実は、まさに黙示録を思わせるような風潮によってしか説明できないだろう。カルヴァン自身が、古代教会の三位一体論を無視しているとのカロリによる攻撃の後で、自分の身の証しを立てなければならず、その限りでセルヴェトとの明確な区別に決して疑いが起こらないようにしようとしていたことも考慮されなければならない。

あらゆるかぎりの明快さで確認されるべきは、カルヴァンがセルヴェトとの議論で、他の敵対者と同じく、決して近代的な意味での宗教上の寛容の立場をみずから取ることはあり得なかったことだ。カステリョによる「キリストの陰府降り」の逸脱した解釈をカルヴァンが異端と判断しようとしなかったという容認自体に限界があった。ジュネーヴ自体でこのような逸脱した理解は、宗教改革の危険に直面して、許容し得るものではなかった。教会規律をめぐる議論における以外は、総じて間違った教えを閉め出す時には、牧師たちと参事会との間にまったく意見の相違はないといってよかった。刑罰は世俗の当局者により科され、実行された。

12 先鋭化（一五五三―五四年）

――信仰の問題に権力者の力？

セルヴェトの処刑の後に、基本的な諸問題と結びついている広範囲の議論が起こった。じきにカルヴァンとジュネーヴ当局が、分けても憎むべき異端審問の方法へ回帰したと非難する批判的声が大きくなった。カルヴァンは詳論『聖なる三位一体に関する古典的教えを弁護する』（一五五四年二月に出版された）を編まざるを得ないと観念した。それはジョセフ・ルクレーが「非寛容の定言的な弁明」として、また「異端者迫害の正当化のためにこれまで書かれていたものの中で最も恐ろしい論文の一つ」として挙げたものだ（Lecler 1965/1,459 u. 456）。この書でカルヴァンはもう一度、この上ない鋭さで、セルヴェトの三位一体論批判の教えを斥けた。それを越えて、キリスト教の当局が異端者を罰することは許されるかどうかという問いを原理的に論究した（CO 8,461-481を参照）。また、この書でカルヴァンが確認したことは、キリストの王国は武器の力によってではなく、福音の説き明かしによって存在するということだ。誰も信仰へと強制されるべきではない。同時に、世俗の当局は、まことの信仰から離反することを呼びかけた者、教会の平和を乱した者、敬虔の一致を割いた者たちに対する処置を講じる責任を持つとしている。間違った教えの主唱者に対しては、――セルヴェトの場合のように――頑なさを緩めなかったり、間違いに含まれる無神論がもはや耐えられないときは、死刑もまた極限の力の行使として使われるべきであるという。寛容を持って耐えることができ、場合によっては適度に罰することが可能な間違った教えの主唱者もいる。

しかし、宗教が根底で揺さぶられるなら、また神が忌み嫌われるべき仕方で冒瀆されるなら、あるいは魂が無神論や破壊的な教えにより破滅へと裂かれていくのなら、そしてついには、公に神と神の教えからそれるよう脅すなら、最後の救済策に手を伸ばし、死の毒をそれ以上拡大しないようにすることは必要である（CO 8,477）。

カルヴァンの論証は二種類の敵対者に向いている。「煽動者」と「温順だが、愚かな者たち」だ。後者は、一部は無知から、一部は世俗の当局の異端審問を自分自身で蒙ったひどい経験から、異端者を罰する権利を否認した。敵対者の前者のグループは、混乱をもたらす者たちで、個人的な宗教的霊感にあくまで固執し、教会の教えの一般的などの決定も教会内の専制政治と判断した。彼らに対してカルヴァンは異議申し立てをした。「もし、敬虔の教え（pietatis doctrina）が不確かで疑わしくなれば、どうやって宗教は存在し、どこに真の教会を認めることができ、キリストご自身が最終的に何になるのか」(CO 8,464)。ここでカルヴァンの特別な関心は明らかになる。宗教改革が基本的に危機にさらされていると見ている。だから、正しい教えの明快さと一致が、あらゆる手段で保証されなければならない。真の教会の存在をかけた戦いの前では、多様性とか個人的な宗教性には、まったく余地がない。

カルヴァンが『聖なる三位一体に関する古典的教えを弁護する』を向けて書いた論敵「不穏をもたらす者たち」の中にはセルヴェトの他に、カステリョも挙げることができる。彼はセルヴェトの処刑とカルヴァンの弁明書に対して、偽名で公刊され、一五五四年三月に印刷された書物で反応した。その書は今日に至るまで寛容思想の一里塚に該当するものだ。一七五頁の厚さで、八折り版に印刷されたこの巻は、「異端者は迫害されるべきか、どのように扱うべきか」という題のもとに、異端者を死で罰することを斥ける文書と引用をすべてひっくるめて提供した。序では、逸脱している宗教的理解を許容すること、また聖書の基本の教えに集中すること、そして異なって信じる者たちをキリストに実際に従うものの姿で教え諭すことを主張した。

見たところ、すでにこの書の初めで言及した、シュテファン・ツヴァイクの手で一般化された、「力に対する良心」の標語のもとになされるカステリョとカルヴァンの対置を立証しているようだ。しかしながら、このようなやり方で、寛容と非寛容を二人の名前に割り当てることはあまりにも単純だ。この対比への反証は、カステリョもまた近代の寛容の概念とは相容れない一六世紀独特の基本理解を分け持っていたことだ。つまりカステリョは異端者と瀆神者を別種のものとして理解しようとした。教えと教会規則の問題で逸脱した位置にいた異端者だけが寛容への請求権があった。これに対して神と聖書を否定する瀆神者は、カステリョの理解に従っても、参事会に処罰のために引き渡されるべきなのだ。もし臣下が、この世の創造、魂の不死あるいはキリストの復活などの、宗教の最も基本的な真実を否定することに固執するのなら、世俗のお上は問題なく追放を命令できるのだ。一七世紀初めになって初めて出版された彼の「カルヴァンに抗する小冊子」はカルヴァンの「弁明書」について詳細に議論しているが、カステリョはこのことを更に説明している。ここで彼が固執しているのは、旧約聖書の法は、ただの思い違いをしている異端者とは関係がないことだ。しかし、瀆神者には違って対応している。彼らには、神の主権を冒瀆していることが、正しくも非難され得ること、そしてそれゆえに世俗の当局により処罰されることも彼らには差し迫っているというのだ。

そこで引用されているカルヴァンの発言には宗教的寛容への余地はまったく残されていない。とりわけ二つの伝統と思考モデルがそれに責任がある。一つは、キリスト教徒の皇帝たちの一貫したローマ法への方向づけを挙げることができる。ローマ法はカルヴァンが法教育により最も親しんでいたものだ。ユスティニアヌス法典の当該の項目やローマ法大全（Corpus iuris civilis）内の新令集（Novellen）では、当然にもキリスト教徒の支配者が彼の臣下の共同体内での正しい神礼拝に責任があることから出発している。

それと緊密に関わっているのが、旧約聖書の法を高く評価することだ。カルヴァンは例えばルターと比較すると、旧約聖書の法を、福音あるいは新約聖書の勧告を示すことで相対化するつもりはあまりなかった。カルヴァンが異端者と戦うときの手本を提供するのが、特に偶像礼拝、瀆神、異端、魔術へのモーセ五書の中の厳しい法だ（レビ二四章、申命一三章）。けれども、その場合に強調すべきは、カルヴァンが基本的に旧約の諸儀式書のみならず、裁判法でさえキリスト者にはもはや有効ではないと捉えていたことだ。規定はそれにもかかわらず、模範として重要だった。カルヴァンは当然、ローマ法的で、また旧約聖書的に刻印された考えを共有しており、間違った教えや偶像礼拝や瀆神が街の中で許容されているなら、神は全共同体を罰することができるのだ。

カルヴァンの神学に含まれる思考構造のどこが近代の寛容思考の発展と共存する、あるいは役に立つのかと問うならば、三点の観察結果がまとめられる。エラスムスあるいはカステリョも持っている考えで、基本的な主たる教えに焦点を合わせて、さまざまな個々の教えには寛容であるというのは、カルヴァンも同様だ（Inst. IV,1,11, CO 2,755f.: OS 5,16）。しかし、すでに述べた輪郭が示したように、大変限定的に理解していた。宗教改革左派に広がっていたような個人主義の宗教性の傾向は、カルヴァンにあっては実際何の役割も果たしていない。ルターが中世の誤った方向への発展に直面して強調した、霊的支配とこの世の支配の明確な区別とはまったく別である。霊的支配とこの世の支配は、カルヴァンでは、それぞれが独自の尊厳を持っており、単に異なった課題領域を持つのみでなく、異なる影響手段を持っている。霊的支配で問題となるのは、福音の告知であり、それは力によらず、ただ言葉によって（sine vi, sed verbo）起こる。
若きカルヴァンは、『綱要』の一五三六年の初版で、二つの支配を区別することを受け継ぎ、霊的支配で力の手段を用いることの拒否に賛同する帰結も表現した。教えや行いで、信仰者の共同体が妨げられる危険のある状態では、手段はふさわしい形で選ばれなくてはならない。被告は、国家の力という手段ではなくて、時間的に制限された委員会により、更正させる、あるいは救うという関心をもって扱われ得る。「あらゆる可能なやり方で、それは激励や教えによってであれ、穏やかさや人好きのするやり方であれ、結局は私たちの神への祈りによってであれ」、被告人が再び教会の交わりへ受け入れられることが可能であるように、更正と回心に寄与するべきだ。カルヴァンはこれに付け加えて、このような態度は他の宗教に属している者たちに対しても、また真の宗教の敵に対しても常としなければならないとしている。「このような不幸な者たちがそう扱われるべきだというばかりではなく、トルコ人自体やサラセン人、そして他の真の宗教の敵たちもそう扱われるべきだ」（Inst. 1536, II, OS 1,91, ドイツ語翻訳は Spiess, 108）。強制や力に基づく回心や立ち戻りを、カルヴァンはきっぱりと拒否している。

その人たちを私たちの信仰に力ずくで回心させようと、これまで案出された手続きの多くのもの、詳しくいうと水や火や人に共通に利用されるべきすべての自然力の使用を禁止するのだが、そのほんのわずかしか正当だとは認められない。同胞に法の保護が奪われるよう宣告したり、武器により迫害するような種類のふるまいというのは、人のすべての義務の否定ではないか。つまり神の裁きが私たちにいまだ不確かである間は、教会への帰属について個々の判断をするのは、私たちの権能ではない（同上）。

イスラム教などの他の宗教の信奉者に対するある種の寛容を暗示し、信仰の事柄に力を用いることを斥けている、先に引用した文章は、案の定（霊的支配と世俗の支配の区別の意味が残っているところで）『綱要』の後の版では落ちている（Inst. III,19,15; Inst. IV,20,1; Inst. IV, 11,3を参照）。宗教改革の顕著な危険のカルヴァンの受け取り方と、ジュネーヴでの教えの一致と純粋さをめぐる大変な戦いがもたらしてしまったのは、霊的な支配と世俗の支配の課題と方法を、宗教改革的に区別することが問題を含んで修正されたことだ。体のことではなく、霊のことが問題となる霊的な支配の中では、ただ言葉のみにより、そして力の手段をもってではなく戦わなくてはならないという原則は、最終的には広範囲に放棄された。法学を学んだカルヴァンが初めから瀆神や偶像礼拝に抗して処置する世俗の支配の責任を強調したときに、このような発展はますますより簡単に可能となった。だから一五三六年版の『綱要』ではすでに当局の課題についてこう言われている。「むしろ当局は、偶像礼拝、神の名の冒瀆、神の冒瀆、正しい宗教を公に攻撃することなどがほとばしり出ることや民の間に拡大を見ることを予防しようとする」（Inst. 1536, VI, OS 1,260, ドイツ語翻訳は Spiess, 386）。「神の律法に含まれているまことの宗教を、みんなの前で、公に聖所を汚すことで傷つけ、汚すことが断罪されることなく、許されないよう予防することが」世俗の支配の課題であるという（同上。また Inst. IV, 20,3, CO 2,1094f.; OS 5,473f.; ダニエル書説教 4,1-3, CO 40,647-651.）。

13　強化と教派の形成、迫害と完成（一五五五―六四年）

強化の措置

カルヴァンの信奉者は一五五五年に得た権力を、主として二つの措置で確実にした。すでに言及したが、フランス人亡命者への市民権が与えられることが明らかに増加したことと、ペラニストと近い関係にあった議員を交換することだ。かくして、例えば一五六〇年に法律家ジェルマン・コラドンは、「市民」に開かれていた最高位の議会である六〇人議会の議員となったが、彼は神学教授で、既に引用したカルヴァンの伝記の著者でもあるニコラ・コラドンの叔父である。カルヴァンの最も近い関係者からは、一五五八年にアントワーヌ・カルヴァンとアントワーヌ・フロマンが大議会に選ばれ、一年後にはロラン・ド・ノルマンディとジャン・ビュデ（ギヨーム・ビュデの息子）とギヨーム・トゥリが選ばれた。しかしながら、絶え間ない対決が示しているのは、一五五五年以降でも、カルヴァンとその信奉者たちが、自分たちの計画を強い反対抜きには現実に施行することができなかったということだ。かくして一五五六年一一月の大議会の会期中に大混乱が起こった。小議会は、牧師たちの圧力の下、市の道徳法に抵触する違反に対して、より厳しい世俗の罰則を決めた。それが大議会に呈示されたときに、以前の市長ピエール・ボナは厳しすぎるとそれを斥けた。逮捕、処罰を伴う些細な衝突の多くが知られている。一五五五年までとの違いは、罰せられた者たちの中に、もはや在任議員がいないことだ。

切迫した問題として残っていたのは、ベルンとの緊張関係だ。一五五六年にベルンとの防衛協定の期限が切れたので、更新されるか変更されなければならなかった。けれどもベルンのお偉方たちは、カルヴァンの影響とフランス人亡命者たちの増加を、大変批判的に受け取っていたので、新たな締結の交渉を先延ばしにしていた。それに加えて、ジュネーヴから追放された何人かのカルヴァンへの敵対者が、ベルンの領域に滞在しており、新しい参事会へ敵対する雰囲気をあおっていた。最も深刻なケースというのは、フィリベール・ベルトリエや他の追放された者たちが、ベルンの裁判所に持ち込んだジュネーヴの当局に対する損害賠償の訴えだった。ジュネーヴはベルンの裁判所の判決を認めなかったが、裁判所は当該者たちにジュネーヴでの財産をベルンの領域で救済要求可能とし、長い交渉の結果、やっと解決を見た。ベルンとジュネーヴの防衛協定の改正の努力も、結局サヴォア公爵の新たな脅威のおかげで、成果をもたらした。一五五八年の一月の第二日曜日にジュネーヴの利益を反映した「永遠の契約」が公布された。ジュネーヴとベルンの神学者のあいだの教えをめぐる著しい論争は、他のスイスの教会の仲介の労の後でも残った。

一五五五年以降の年代では、長老会の影響力が明らかに強化されたのが見て取れる。仕事の処理は順調で、とりわけ参事会からの、取り上げるべき抵抗はもはやなかった。小議会は、いまや戒規を宣告せず、長老会が宣告した。一五五五年には教会規律の適用事態が八〇回あったが、一年後には、すでに二倍の頻度になっており、一五五七年から一五六一年までの間にはその頻度は三倍となった。一五五九年は三〇〇人以上のものが、一時的に戒規を受けた（Naphy 1994, 178-182を参照）。カルヴァンの言い方によれば、ジュネーヴでの活動の中で上首尾の最後の年月が裏付けたのは、宗教改革を徹底して実現するための決定的な前提は、適格な、教えについて一致した牧師たちを得ることだというカルヴァンの判断であった。大変上質の教育を受け、一部の人は法律の専門教育を得て、知的に優れた牧師たちがおり、彼らがカルヴァンと一緒に先頭に立って、公共生活で中心的な役割を果たしたことは明らかだ。長老会の仕事も彼らにより占められていた。出頭させられた人たちを尋問したのは、彼らであって、市長でもなかったし、他の長老たちでもなかった。

カルヴァンおよび他の牧師たちの影響と、市民権を得た亡命者が目立って増加したことで引き起こされたのは、さらに広範囲の法規定の制定だ。いまや女性と男性は礼拝で別れて座らなくてはならなかった。一五五七年一一月一二日に大議会は教会規律を侮ることは、反抗とみなされ、一年間の追放を持って罰せられると決定した。わけても今や、一五四一年の「教会規則」（Ordonnances ecclésiastiques）が、カルヴァンの意向に沿って変更されることとなった。一五六〇年二月九日には、教会の事柄について教会裁判所の持つ責任が強化される四つの決定がなされた。首席市長は長老会の会議で、もはや指揮棒を振るべきではなくなった。参事会として責任がなかったからだ。長老の選定に、牧師たちの強力な参与権が属すことになった。教会の事柄では旧市民（citoyens）と新市民（bourgeois）の区別がなくなり、最終的には追放の決定と共同体への復帰は、全会衆の前で公の行為として行われた。一五六一年一一月一三日には、改訂され、増補された「教会規則」（*Ordonnances ecclésiastiques*）が主教会サン・ピエールで荘重に告知された（内容は、CO 10/1.91-124; CStA 2.238-279を見よ）。

もちろん、教会規律の厳密な執行は、当該者には喜ばしいことはもたらさなかった。とりわけ、フランス人牧師たちと富裕で良い教育を受けた亡命者たちの優位は、地元の住民たちに反感をもたらした。彼らは、自分の信仰のゆえにジュネーヴへと亡命してきた人たちとは、キリスト者の生活を向上させるための方策の受け取り方がまったく違ったのだ。一五五三年からはフランス人やイタリア人のほかに、イングランド、スコットランドからの亡命者が加わった。いわゆる「血のメアリー・テューダー」の迫害から保護を求めてきたのだ。彼らの中の名士たちの中の最たる一人であり、後のスコットランドの宗教改革者、ジョン・ノックスは実に熱を込めて述べている。

〔この地にあるのは、〕使徒の時代以来この世で存在する最も完全なキリストの学校である。他の地にあってもキリストがまことに説き明かされてはいるだろうと私は認める。しかし、ここのように行状や信仰がこのように純粋に改革的であるのはこれまで、まだどこでも見たことがない（CO 16,333）。

二〇世紀の体験を背景にして、自由な社会が当然である中で、国が自分について決定し、また教会組織が自分について決定することについて、何のためにそうでなければならないか、カルヴァンのジュネーヴの様子を適格に評価することは難しい。歴史的な整理のために二つの観点を考慮すべきだ。一つ目は人格的な権威の関係に基づいている封建的秩序の崩壊に直面し、初期近代の領域国家のゆっくりとした成立に直面し、著しい秩序要求があった。すべての信条の影響領域での領域国家形成に特徴的だったのは、支配が領域のただ一つの支配機関の手に集中することが、まさに規則による取り締まりの爆発的な増加と結びついていたことだ。ジュネーヴの共同体の特徴は、首尾一貫性とか広範囲な成果などのように、良風美俗に関する特別な教会の能力が、規制で統制する努力により前進しただけだ。

二つ目は変動が危機認識の増大と結びついていたことだ、変動はフランスでは比較的広範囲に進んでいた。無秩序や宇宙が威嚇しつつ混沌へと引き戻っていくことへの嘆きは一六世紀後半には大変強まった。このような嘆きに同調し、ジュネーヴ・モデルの創生力に期待したのが、まさに良い教育を受け、指導的な知識人である。法律家でカルヴァンの弟子、ランベール・ダノーが、かってこのように表現したことが、広まっていた基調を代表しているといってよい。「秩序より麗しいものはない」（Strohm 1996, 636 からの引用）。

アカデミー

当初からカルヴァンは若者の教育に特別の注意を払っていた。ジュネーヴでの活動の最後の年月に、アカデミーの創設により、ジュネーヴ、さらにはフランスそして西ヨーロッパの他の地方での宗教改革を確かにする決定的な一歩を実現した。カルヴァンは、シュトラスブルクでヨハンネス・シュトゥルムにより指導されている大学を知り、同じようなものをジュネーヴに作ろうとした。コレージュ・ド・リーヴがあった建物が劣悪な状態だったので、一五五七／五八年冬には代替建物を探し始めた。より高度の学校教育により講義を補完するには、とりわけ限られた資金でふさわしい教授を見つけるという困難が妨げとなった。そこへ幸運な状況がジュネーヴには助けとなった。ベルンの支配者たちと、禁止命令に逆らって陪餐停止を行い、予定説について説教したローザンヌの牧師たちの衝突がエスカレートした。一五五九年二月に追放の事態となり、追放された中の二人、ピエール・ヴィレとテオドール・ド・ベーズの二人がジュネーヴに移ってきた。オルレアンとブルージュで法学を学んだあと、一五四九年からローザンヌ・アカデミーでギリシア語教授として教えていたド・ベーズが学長となり、一五五九年六月五日には、開設式で学長就任演説を行った。施設は、一つは予科（schola private）、他は狭い意味でのアカデミー（schola publica）とに分かれていた。

アカデミーは最初の年にすでに一六二人の学生を数え、一五六四年には約三〇〇人を数えた。アカデミーは国家の施設であったが、同時にまるごと神学の学びに向けられていた。カルヴァンの死後になって初めて、法学と医学の学部が付け加えられた。シュトラスブルクと同様に古典語、特に聖書の原典の学びが中心の場所を占めていた。シュトラスブルクのアカデミーと共有していたのは、「敬虔な弁舌」(pia eloquentia)であった。スコラ学の純理的で生活から遠い専門性――古典弁論学で訓練されていたが――に抗して、テーマは、確信をもって伝えられ、生活形成に実りをもたらすことができるよう分けられていた。言語の学びと徳の学びは直接の関わりを持って見られた。ほとんどの学生はフランスから来た。アカデミーはフランスの改革派教会の説教者養成に決定的な役割を果たす必要があった。

カルヴァンは一五三六年にすでに聖書の教師として任職されていて、それ以来継続して聖書を講義していた。これを彼はアカデミーの枠内で継続した。その際、彼は主として旧約聖書に集中した。その成果のほとんどは聖書についての註解書となり、豊かな影響を与えた。それらは今日に至るまで耐えず重版され、さまざまな言語に翻訳されている。新約聖書の中ではヨハネの黙示録の註解書だけがない。カルヴァンは一生涯、自分はローマの信徒への手紙の一五四〇年の註解書の序に書いた目的に結びついていると認識していた。つまり聖書註解者の第一の徳は、簡潔さ(perspicua brevitas)で、分けてもそれは、カルヴァンが組織神学の論述を可能な限り短くすることを試みたことの意味だ。

神の言葉の説教

アカデミーでの講義の他に、カルヴァンは膨大な説教奉仕の中で聖書註解に寄与した。一五四九年までの年月と一五三八年から一五四一年までのシュトラスブルクでのフランス語亡命者教会の牧師としての年月の説教活動については、いくつかのわずかな情報しかない（CO 10/1,288を参照。またParker 1992, 58も参照）。一五四九年以降は、書記のドゥニ・ラグニエが、カルヴァンの説教を筆記し、そのためにわざわざ速記文字を発展させた。語られた説教は印刷され、その販売収益により、ジュネーヴでの貧しいフランス人亡命者たちが支援されることになっていた。このラグニエの記録によって、カルヴァンの説教活動の内容が大変良く再構成される。一五五七年にラグニエが書き、一五六四年九月にニコラ・コラドンが書き写して補ったカタログは二〇四〇以上のカルヴァンの説教を記載している（Parker 1992, 150-162を参照）。ジュネーヴ市は三つの教会に区分けされていた。サン・ピエール教会、サン・ジェルヴェ教会、ラ・マドレーヌ教会である。そこで働いていたのは五人の牧師と三人の補助者だった。日曜日には、夜明け（夏期は六時で、冬期は七時）と午後三時に、三つのすべての教会で説教礼拝が行われた。さらに加えて、週日には、夜明けに三つのすべての教会で礼拝があった。コラドン著のカルヴァンの伝記によれば、カルヴァンは毎週の日曜礼拝に加えて、一週置きに、週日の朝礼拝を毎日司式していた（CO

21.66を参照)。説教の当たっていない週には、週に三回聖書講義をした。加えて、すでに言及したように、金曜日ごとに、ジュネーヴ市と郊外の牧師たちに対して、彼らの任職後の再研修のために聖書講義を提供する公開聖書講解(Congrégation)があった。カルヴァンの説教自体はだいたい四分の三時間程度であったが、当時の状況では比較的短かったと言ってよい。

カルヴァンは他の改革者たちと同様に聖書箇所を連続して説教した。日曜日の説教は新約聖書だけを扱った。カルヴァンにより特に評価されていた詩編だけが例外だった。週日は旧約聖書が講解された。もしカルヴァンの仕事と神学のプロフィールを理解しようと思うのなら、教授活動の枠内での聖書釈義と並んで、彼の生涯にわたる、並外れた量の説教奉仕に注目する必要がある。彼は何よりもまず聖書釈義の人であった。

チューリッヒ合意「チューリッヒ和協書」(一五四九年)とガリア信仰告白「フランス信仰告白」(一五五九年)

ジュネーヴのフランスからの信仰上の亡命者の存在は、カルヴァンの最後一〇年間の活動を決定した。フランス人牧師たちは教会生活を意のままに送り、幾重にも良い教育を受けた亡命者たちがジュネーヴの共同体でますます重要な場所を得ていった。膨大なカルヴァンの文通の相当の部分が故郷フランスの発展に献げられたものである。アンリ二世(治世一五四七—五九)のもとで、悪名高い異端審問所（chambre ardente）は一五四七年から一五五〇年までの間だけでも、「異端の神瀆者と安寧秩序を乱す者たち」に対して五〇〇件もの判決を下していた。カルヴァンは迫害されている信仰の兄弟たちに倦むことなく、慰めと勇気とを与えた。毅然とした信仰告白を促すには、深い同感の表明が助けとなった。特にカルヴァンが深い同感を得たのが、五人の福音主義の考え方を持った学生がリヨンで死刑判決を受けたと知ったときだ。バーゼル、ベルン、チューリッヒと帝国内でも途切れなく、フランスのプロテスタントの支援を募った。その後カルヴァンの晩年にフランスの改革派教会の形成を指導したのはテオドール・ド・ベーズであった。一五六二年から一五六四年までだけでも七二通の手紙が説教者を求める願いとともにジュネーヴに届いている。あるジュネーヴの牧師はファレルに、もし候補者がいるなら四〇〇〇人から六〇〇〇人の牧師を任職できるのだが、と書いている。迫害にもかかわらずフランスの改革派教会は成長していった。

一五五九年五月二五日から二九日までフランスの「離散した」教会の最初の大会がパリで開催された。カルヴァンは一つの信仰告白の案文を送ったが、そこから有名なガリア信仰告白（通常フランス告白）（*confessio Gallicana*）となった。すべての教えの出発点は、――すでに題名の中で教皇制の偶像崇拝に対決している――神の言葉であり、それは福音書に啓示されている。

(1)パウロが教えているように、信仰の基礎は神の言葉により置かれている（ローマ一〇・

一七）ので、生きておられる神が、律法の中で、神の預言者たちにより、そして最終的には福音書に啓示された（ヘブライ一・二）ことをわれわれは信じている。福音書では、この方の意志を人の救いに益となる限りで証しした。そのゆえに、聖なる書、旧約聖書と新約聖書とを、神から出てきて、決して反論を許容しない唯一の偽りない真実の総計とみなしている（CO 9,739-741; OS 2,310; CStA 4,40f.）。

ここでは大変明確に、聖書本文がすべての教えと神学議論をめぐる出発点であり、基準であらねばならないというカルヴァンの基本的な確信が表現されている。また教会の一致へのカルヴァンの努力と避けられない限界とが、ガリア信仰告白の最初の部分に表現されている基本決定で明らかだ。

ガリア信仰告白は新しい宗派の創立文書としては考えられていなかった。むしろ宗教改革の支持者たちの迫害が激しくなるのに直面して、福音主義の教えをふさわしくまとめることだった。しかしながら事実上は、教派化の過程が始まる重要な一歩を示していた。カルヴァンは本来、ブツァーと同様に、ルター派教会と並ぶ独自の改革派教会が成立するのを妨げようとした。『綱要』の第一版で、自らをルターにつなげただけでなく、後にはブツァーが仲介した聖餐の教えの理解を共有した。ルターのまことの弟子で相続人であることを演出していたいわゆる「純正ルター派」（gnesiolutheraner）の激しい攻撃が、初めてカルヴァンにルターの聖餐論との明らかな境界をつけさせた。この議論の出発点は、カルヴァンとブリンガーが一五四九年のチューリッヒで達成したチューリッヒ合意だ。明らかな、いまだに解決されない教えの違い、すなわち聖餐論や予定の理解や教会規則の理解の違いにもかかわらず、二人はこのような協定に至った。皇帝に立ち向かったシュマルカルデン戦争の敗北に直面し、一五四七年のフランスでの支配者交代に直面してカルヴァンは最悪な事態を恐れていた。チューリッヒ合意の表現はカルヴァンがツヴィングリないしはチューリッヒの聖餐論に近づいたことを知らせてしまうように見えた。そこで、ハンブルクのルター主義者ヨアヒム・ヴェストファルの激しい攻撃が起こった。カルヴァンをツヴィングリのようにサクラメント否定者として烙印を押したのだ。

ロンドンの亡命者教会の監督であった、ヤン・ラスキ（ドイツ名はヨハンネス・ア・ラスコ）はチューリッヒ合意を印刷させた（CO 7,733-744; OS 2,246-253; CStA 4,12-27）。アントワープの教会ではその結果文書についての論争が起こったので、ルター的考えを持つ者たちが助けを請い、ヴェストファルが彼らに、この文書による支援を与えた。カルヴァンは比較的長い躊躇の後に初めて、一五五四年に「サクラメントについての健全で正統的な教えを弁護する」により返答した。これは一五五五年にジュネーヴとチューリッヒで印刷された（CO 9,1-36; OS 2,263-287）。この返答には、自分の聖餐論の評判が落ちてしまうことへの対応と並んで、それ以外の理由があった。ラスキが一五五三年の「血のメアリー・テューダー」の即位の結果、自分の教会と一緒にイングランドを去らなければならず、冬の寒さにもかかわらず、北ドイツのルター派の領域では受け入れられるところがなかったのだ。

カルヴァンは、聖餐をまったくの象徴行為として理解しているという非難に対してきっぱりと弁明し、アウグスブルク信仰告白と一致して教えることを要求した。カルヴァンが失望したのは、メランヒトンは、他の理由からすでにいわゆる「純正ルター派」（Gnesiolutheraner）による批判の集中砲火の中にいたのに、カルヴァンへの支援を自制したことだ。この二回目の聖餐論争の過程でカルヴァンは更にもう二冊の著作でヴェストファルの連続的な攻撃に対決した。一五五九年にもハイデルベルクで論争は継続した。そこではルター派の管区総監督であり、神学教授のティレマン・ヘシュジウスが、敬虔王フリードリヒの宗教改革の努力を鋭く批判した。問い詰められて、彼はカルヴァンやブリンガーとは、聖餐を共に祝うことはできないとあけすけに語った。好戦的なヘシュジウスが、このことを一五六〇年に公刊した小冊子で説明したので、カルヴァンは返答を強要されたと理解した。「聖なる晩餐でのキリストの肉と血にまことにあずかることについての健全の教えの明快な説明、取り除かれるべきヘシュジウスの隠蔽に抗して」（CO 9,457-524）で、一五六一年にもう一度自分の聖餐理解を展開した。それはまったくの象徴的理解にも反対で、またキリストの肉と血を空間的に閉じ込めることにも反対している。

病と死

　一五五五年以降、カルヴァンは一〇年弱の長きにわたり、比較的争いの対象にもならず、成功裏にジュネーヴとそこを越えた広範囲の改革運動を進めることができた。この年月は著作という意味でも彼の創造的な年月だった。一五五九年と一五六〇年には、『綱要』の内容豊かな最終版を完結した。とりわけ、大変な数の広範囲な註解書を公刊することができた。その中には、共観福音書（一五五五年）、詩編（一五五七年）、ホセア書（一五五七年）、イザヤ書（一五五九年）、一二小預言書（一五五九年）、ダニエル書（一五六一年）、エレミア書（一五六三年）、哀歌（一五六三年）、モーセ五書（一五六四年）、ヨシュア記（一五六四年）と最後はエゼキエル書（一五六五年）の註解書があった。

　最後の年月はしかしまた、途切れることなく、悪化していく病が影を落としていた。偏頭痛、痔、リウマチなど、彼を生涯苦しめた病の他に、急性の病が加わった。一五五五年には、強い横腹の痛みの原因として肋膜炎と診断された。一五五八年九月には、病が重く、数か月床を離れられなかった。教授職も、説教奉仕も、あるいは長老会での仕事を指導することもできなかった。カ一五五八年一一月中旬から一五五九年一月中旬まで、彼は一通の手紙も出すことはなかった。カルヴァンはいまやほんの少しだけ食し、飲んだ。そして耐えず荒れ狂う頭痛が彼を襲った。それにもかかわらず、自分の病み衰えていく体で、大変な仕事量を受け入れた。まさしく、闘病生活が、大規模で最終の『綱要』新版を完成させた前提であったかのように見える。

一五五九年一二月二四日には説教中に声が突然出なくなり、次の日には吐血し始めたので、肺結核を病んでいるのかと思われた。一五六一年には痛みの激しい痛風を病み、一五六三年春には、絶え間ない、ただならない腎臓と膀胱の疝痛発作が彼を襲った。手紙に返事をしようと努力し、このように書いている。

閣下、閣下の両方の手紙は大変悪い状態の時に私に届きましたので、もっと早くお返事することができなかったのです。そしていまでもお返事できるか分かりません。痛みが、より適格に言うと、まったく絶望的な疝痛発作の苦悶が、私を離してくれないのです（CO 20,30; Scwarz 3,1233）。

二週間が経ち、六月一日には少しずつ良くなっていくように感じられた。

……一四日間に渡り、大変まれな強い疝痛発作により苦しめられ、すべての私の感覚と精神力が、激しい痛みの前で機能しないようでありました。今、災いはまだ私を解放してはくれませんが、少しずつ軽減し始めましたので、多いに安堵を望むことが許されました（CO

20,34f.: Schwarz 3,1235)。

一か月後、一五六三年七月二日に、ブリンガーに宛てて「ほぼハーゼルナッツ大の膀胱結石を取り除き」ましたと報告することができた(CO 20,302: Schwarz 3,1282)。一五六四年五月二七日の夕刻、五五歳になろうとする直前に、カルヴァンは亡くなった。ド・ベーズの報告によれば、平安で最後の時まではっきりとした思考力があった。五月一九日の金曜日には、牧師たちを週に一度の会合のため、自宅の夕食に招いており、そこで彼らに別れを告げていた。

14　宗教改革の仕事と世の中への影響

カルヴァンの宗教改革の仕事の特異さをつかもうとするなら、まずは、すでに素描した初期の特性と影響を考慮に入れるべきだ。更には、カルヴァン自らが真正面から受け止めた、特別の要請に注目すべきだ。彼の宗教改革の仕事の特異さを問うということは、この改革者の並外れた影響の理由を問うことと解きがたく結びついている。

人文主義精神の神学

カルヴァンがルターの書を受け入れ始めたとき、人文主義的な革新運動の文脈の中で行った。そのときには、まったく何の矛盾も見なかった。むしろ彼にとって、ルターの宗教改革の思想は人文主義的改革者の関心を徹底した継続として現れた。まさに自分自身が人文主義運動から出発したので、後になっていっそう明確に、それと自分自身との間に線を引いたのだ。彼により「ニコデモの徒」と名付けられた改革主義者たちの試み、すなわちローマ・カトリック教会の構造内部で活動しようとする試みを、錯覚であり、危険であり、教皇支配の犠牲者たちへ無慈悲であり、ひいては神の言葉への不従順であるとして撲滅しようとした。常に人間の道徳的可能性をめぐる予定論の問題でも、鋭い線引きを行った。同時に、彼の神学上の出発点は、一生涯、人文主義的改革運動に刻印されたまま残った。

いつも決まってカルヴァンが強調してやまなかったのは、すべての神学論議の出発点であり、内容であり、判断基準は、神の言葉であるということだ。神は私たちに語られる、それに向かってすべてが合わせられるべきだ。それにふさわしく、彼自身は自分の仕事量の大部分を講壇にあっても講義の席にあっても聖書の釈義に献げた。カルヴァンの改革者または神学者としての自己理解とは、可能な限り忠実で学識のある聖書の釈義者であることだ。人文主義の訓練を受けた者にとって、このことの意味は、ただみ言葉に聞くことだけではなく、すべての提供された手段と方法によりそれを理解しようと求めることだ。聖書が書かれている原語であるギリシア語やヘブライ語の習得で始まり、聖書の修辞法を解明し、それを実りあるようにすることだ。

キケロやクインティリアヌスなどの古典修辞学の再発見により、カルヴァンは神学者としての自分の課題を次のように理解した。言語という手段と、教え諭す、建て上げる、戒める、慰める、論争で輪郭を明確にすることなどの多様な目的を、教えと説教の中で役立てることである。カルヴァンは信仰（fides）を、神が説得した、あるいは神の納得させる行い（persuasio）の結果であることを明らかにするために、修辞学の手本を利用した。その際、第一義的に、教えるという課題が聖書にはふさわしい。そして聖霊は心を動かすものだ。

カルヴァンは、同時に、聖書の修辞法と神の雄弁の独特なところを浮かび上がらせた。聖書の雄弁（éloquence biblique）の鍵となるカテゴリーは、カルヴァンが修辞法により、伝達過程を表現する知識から得た概念で、主権（maiestas）と適応（accommodatio）である。人間のあらゆる理解を超えている神は、人間から理解されるために、罪ある人間の惨めさに自らを合わせなければならない。天の教えは、聖書本文の中では、人間の著者により告知されている、そして説教者はそれをその場で聞かせなければならない。説教とはカルヴァンにとって生きている神の語りである。そこで「私たちの主であるイエス・キリストが統治される」（CO 51,415）。

人文主義運動により、カルヴァンは非聖書的で浮世離れしたスコラ神学の思弁を退けた。人文主義に刻印されて、生き方を造り上げる神学の力に大変な関心を持っていたので、「神学」という概念そのものに対してすら極めて批判的に対置していた。『綱要』の最終版はドイツ語翻訳版では全部で一〇〇〇頁にもなるが、そこには「神学」という言葉は、ただ五回だけ、しかもほとんど軽視されて出てくる。すでに一五三六年の第一版に付されている、フランス王に宛てたまえがきで、以下に述べる行為以外一生何もなしていないと、敵対者の教えを表現してこう語る。

簡単な聖書の言葉を、際限のない反論とさらに哲学上の論争点をこんがらがせて、鎖で叩く。もし、今日教父たちが自分の墓から復活し、このような芸当（これらの人々が思弁的神学（theologia speculativa）として行っている）を聞かなければならないとしたら、その他のすべてのことを、むしろ神が語っておられる可能性があると考えるだろう（CO 1,19; OS 1,29; CStA 1/1,89, Zl. 26-32）。

自分の総論的なキリスト教の教えの叙述を「キリストの宗教の授業」（『綱要』のこと）と名付けたのは偶然ではない。すでに表題で「宗教」という概念で表現されているのは、神についての思弁が問題なのではなく、神と人との関係が問題であるということだ。それだから、この書は自己認識なく神認識はないという綱領宣言のような言い方で始まってもいる。この点で、すでにブツァーや、同じく人文主義の刻印を得ているメランヒトンが方向を規定していた。メランヒトンは一五二一年にキリスト教の教えの叙述への序で、こう強調する。何かの思弁的協議が扱われるべきではなく、私たちの救いに必要なことが扱われるべきだ。「キリストを認識することは、この方の善き業を認識することなのだ」。カルヴァンはメランヒトンの歩んだ道を徹底して更に突き進んだ。

法学から得たもの

カルヴァンが法学の学びから得た特性は、人文主義の領域から得たものと重なり合う。カルヴァンが人文主義的法学の学びで見せた、三つの優秀な努力すべて（第三章を参照）に対応するものが、後の神学者としての活動にも見出される。⑴ローマ法の歴史的文脈的研究は、聖書本文の文献学的に優れた解明への生涯にわたる努力に対応する。⑵ローマ法をその基本的考え方と概念から理解しようとする努力は、『綱要』でキリスト教の教えの基本的考え方を表現するのに、常に推敲し、組織的に行ったことと類似する。⑶人文主義的法学の倫理的関心は、カルヴァンが倫理と教会規則を問うときに割り当てた重要性に表れ続けている。

人間の現実と、神の主権とその律法の間の距離に直面した、カルヴァンの聖書釈義の中心となる概念は適応（accomodatio）で、それは人文主義に舵を切った法学で法解釈の中心に持ってこられた公正（aequitas）論に対応している。法の正当性の問題は人文主義的法学にとっては中心の問題だった。法規則の全体の脈絡の中での意味を明らかにすることが問題だったのだ。当該の法が特殊状況に対応して解釈されるべきだったが、時折、文字通りの解釈が個々の場合に「権利が多いほど、間違うと悪が大きい」（summum ius）と言われるように、不正に至らないように酌量されなければならなかった。

その他に、カルヴァンの改革者としての活動の基本的関心が、法学教育により影響を受けている。それは、聖書本文全体がもつ生活形成の次元への興味や、ルターと比較してより前向きな法理解に見られると言ってよい。創造者と被造物との関係も法的訓練を受けた視線で書かれている。主権という概念やそれに対応する神の主権という概念も、第一義的に、中世的な意味での限定されることのない支配権と関わってはいない。むしろ、主権は近代初期の国家論での立法権をも含んでいる。神は、王、裁判官、立法者、救済者が一人の中にある（Inst. IV,10,7）。ルターにとって、恩寵の神についての問いが決定的であったが、カルヴァンの宗教改革の出発では、正しい神崇拝を再び確立するという目的が本質的である。だからカルヴァンはそのことを自分がローマ・カトリック主義から宗教改革へと移ったことの決定的な理由としてあげた（CO 11,485f. を参照）。この点で、人文主義の伝統、パウロ－ヨハネの伝統の影響があることは確かだが、この方向付けの特殊法学的背景は見過ごされるべきではない。カルヴァンは十戒の第一戒の意味をこのように語る。

神は、ご自分の民の中で、お一人だけ偉大であろうとされ、ご自分の義を完全に実行される意志がある。加えて、この方の戒めに従い、あらゆる不敬虔と、主の神たる尊厳の栄光を減らし、暗くする、あらゆる異端信仰が、私たちから離れ去るべきだ。同じ理由から、神は私たちにまことの敬虔をもって神を尊び、讃美することを命じられる。このことはすでに、率直な言葉の意味から起こる。なぜなら、私たちはこの方に属することをすべてこの方に帰属させることなく、この方を神とすることはできないからだ（Inst. II,8,16）。

義認――信仰のみ（sola fide）は、ただ単に信仰者の救済の確実性のために教えられるべきではない。そうではなくて、特に神の権利が栄光を受けることが俎上に載せられている。つまり、救いはただ神の業であるのだ。神を辱めることなくして、最もわずかなことでさえ人には属し得ない（Inst. II,2,1）。はっきりとカルヴァンが強調していることは、罪人の義認は、神の栄光とこの方の義の啓示に貢献するものだから、自分の固有の義を誇る者は、神を辱めるということだ（Inst. III,13,1f. を参照）。

摂理の教義と予定論で、カルヴァンは、アウグスティヌスの遺産をふさわしく先鋭化した。神の栄誉と栄光を増すこと（神の栄光 gloria Dei）が、選びのみならず、また棄却の教えの目的だった。棄却された者たちは「正しいけれども究めがたい神の裁きに従って、みずからの劫罰により神の栄光を讃美するよう目覚めさせられる」（Inst. III,24,14, CO 2,724; OS 4,426）。『綱要』で倫理の基本方向を示す型は自己否定であるが、法学用語と、人間の生活のすべてにわたり神が権利主張をしていることを指示しながら説明されている（Inst. III,7,1f. を参照）。人間の行動のすべては、被造物の生についての創造者の権利に順応するべきなのだ。

さて律法から何を学ぶべきかを同時に見ることもできよう。神が私たちの創造者であり、それだから私たちに対して父親の権利と主人の権利を持っているということだ。だから、この方は私たちから栄誉、畏敬、愛、恐れを受けるにふさわしい。それだから、私たちは自分たちの主人ではなく、私たちを追いかけている快楽に従うべきではなく、ただこの方のご指示だけに依存して、この方の気にそむことに留まるべきなのだ（Inst. II,8,2; CO 2,267; OS 3,344）。

人間の行動のすべてを神の栄光のために計画的に整えることは、カルヴァンにあっても、後のカルヴァン主義においても力強い倫理的原動力となる。このただ一つの、すべてを含む目的へ方向を集中させていくことは、質料倫理への影響とは別に、人間の要求を鋭くする結果を導いた。どの個々の行動も、それが大きな目的に益し、創造と人の生涯がただそのためであるように作り上げられるべきなのだ（Strohm 1996, 286-316 を参照）。

特　性――ルター、ブツァーと共にパウロ、アウグスティヌスへ

カルヴァンは、若い頃には「ルター派」として迫害されていて、『綱要』や他の初期の仕事はルターの改革的書物に依拠して編まれた。後になってもルターに感謝を表明しており、プロテスタント内部での聖餐理解をめぐる議論では、ルターの関心を弁護した。チューリッヒ協定に続く、いわゆる「純正ルター派」の攻撃が、初めてカルヴァンを離反に導いた。その後すぐに始まる教派化の過程は、カルヴァンが留まり続けたルターとの近さを覆い隠してしまった。

ルターの場合と同様に、カルヴァンにとってパウロの手紙は聖書の使信を理解する上で中心だ

った。ヴィッテンベルクの改革者とはさらに、アウグスティヌスと、その恩寵と予定についての教えの再発見でつながっていた。一五三八年から一五四一年までのシュトラスブルク時代以降はブツァーの強い影響が加わっている（本書第八章を参照）。カルヴァンはただ単に礼拝形成、礼拝式や教会規律、あるいはプロテスタント内調停の試みという問題だけではなく、基本的な神学の教えの扱いについてもブツァーに従った。

ルターにとっては律法と福音の区別が中心的意味を持っている。ほんとうの神学とは、律法と福音を混ぜるのではなく、正しく区別することに、基盤を置くのだ。律法は、法と秩序をもたらすという政治的役割の他に、人間に自分の罪深さを認めさせ、すべてのことを神の恵みから期待するよう人間を整えるという課題を持つ。この認識させるという用法（usus elenchticus legis）が、ルターにとっては、決定的な律法の用法、すなわち律法の神学的用法（usus theologicus legis）である。これと異なり、カルヴァンがシュトラスブルク滞在時に公刊した『綱要』の第二版以来強調しているのは、ブツァーと同様に律法が生まれ変わった者の生き方を示すという律法の用法だ。律法の第三用法、これは最も重要で、本来の律法の目的を見通している用法だが、すでに神の霊で心が支配されている信仰者に関わるものだ（Inst. 1539, Kap. 3,101, CO 1,433）。改革派教会の主張はルターやルターの宗教改革とは異なって、教えの改革に立ち続けることにはなく、生き方の改革に取り組むことにあるが、この律法の第三用法に神学的に重要な基礎を見出す。

カルヴァンへのブツァーの影響のもう一つの内容上の重点であり、同時に後の改革派神学の独特の目じるしは、旧約聖書と新約聖書の一致を強調することだ。ブツァーは、シュトラスブルクとヘッセンでの再洗礼派との議論で、チューリッヒのツヴィングリとブリンガーと同様に、古い契約と新しい契約の継続性を強調した。成年だけが自覚して信じることができるので、洗礼を受けることができるという再洗礼派の理解に抗して、ブツァーが強調したのは、新しい契約のサクラメントとしての洗礼と古い契約の、契約のしるしとしての割礼の継続性だ。割礼は明らかに新生児になされるので、幼児洗礼も神学的に十分に基礎づけられるというのだ。カルヴァンはブツァーの当該の説明を自分の『綱要』の一五三九年改訂版に、一歩進めて取り入れている（Inst. 1539, Kap. 7, CO 2,801-830を参照）。ブツァーと同様に、新しい契約と古い契約の違いを、根本的なものではなく、相対的なものに過ぎないと理解している。

ブツァーとカルヴァンの最も基本にある神学的な共通性は、神の選びと霊の働きだ。ルターもエラスムス宛ての反駁書である一五二五年の『奴隷意志論』で、人間の救いのすべては神が前もって定めておられることに拠っているのであり、人間の何かの寄与によるのではないという理解を主張している。同時にこの点においてのどのような発展的推測も退けた。むしろルターが強く求めていたのは、信仰する者を捉えているすべてのことに通用する聖書の言葉の約束にすがるべきだということだ。

ブツァーは、そしてまたカルヴァンもこの点で少し異なる道を行く。二人ともエフェソの信徒への手紙とローマの信徒への手紙の聖書本文から出発して、アウグスティヌスの影響で、神の選びの行いを強調する。このことが神の霊の働きと一緒に人間の救いの出発点となる。ルターのように、それが説教で起こるとは限定しない。つまりルターの場合、説教では、まさに神の言葉が、人の言葉の中で受肉すると考えられたし、それに対応して、救いの始めは、信じる者が告知された言葉を理解し、そのまま認めることにあると考えられた。ブツァーと同じくカルヴァンも、ルターと異なって強調するのは、信仰は、言葉なしでも、ただ聖霊により起こりえるということだ。

神の霊の隠れた働きへの興味という点で、ブツァーとカルヴァンの二人の仕事には、人文主義的な共通の遺産を見ることができる。カルヴァンの予定と神の摂理に関する熟考へのブツァーの影響は、なんといっても大変確かであろう。というのも、対応する章はシュトラスブルクで書かれた『綱要』の一五三九年の改版で最初に見出されるからだ（Inst. 1539, Kap. 8, CO I,861-902 を参照）。

神の尊厳とキリストとの交わり

カルヴァンの仕事に刻まれている影響の分析は、彼の神学の深層構造へと視野を広げる。それの持つ独特の力は、伝承史から言えば異なっている二つの基本線が緊張を含んで併存しているところにある。一つは、人間のすべての理解を超えており、すべての被造物に向き合っておられる神の尊厳を強調していることだ。他方は、キリスト者としての存在の中心が、——信仰が形を取る内容――キリストとの内的交わりであることだ。生存中最後に出版された一五五九年の『綱要』のラテン語版の構成が示しているのは、神学の二つの柱の生産的な緊張だ。『綱要』の四篇の初めでカルヴァンが始めるのは、すべての人間の理解を超える神の大きさ、この方の持つ被造物の命への所有権、この方がすでに決められているすべての行為だ。人間の罪深さのみじめな経験と、亡命者によりカルヴァンが大変鋭く理解した人間の現実の偶然性を背景にすると、このことはますます印象深いものとなる。

しかしカルヴァンは、神の抽象的な概念を説明しているのではない。そうではなくて、『綱要』の第二篇では聖書本文に即し、イエス・キリストにあってご自分を理解できるようにされた(akkomodiert)神を厳密に尊重しているのだ。決定的なことは、カルヴァンがここでもまた、キリストの業を詳述することに留まっておらず、あらゆる重さをキリストの恵みの恩恵にあずかること(unio cum Christo)に置くことだ。『綱要』の第三篇と第四篇は、第一篇と第二篇を量において何倍にも越えているのだが、霊により起こされたキリストとの交わりとして信仰を考えることから始めており、このことをさまざまな次元で説明している。第三篇は、どのようにして私たちがキリストの恵みにあずかるのか、どのような実りをそこから成長させることができるかの方法を扱っている。第四篇は、「神が私たちを助けてキリストとの交わりへと入らせる外的な手段について」語っている。

われわれには、頭と肢体の結びつきというものがある。キリストは私たちの心に住まわれている。短く言うと、最も高い所にある隠された一致（mystica unio）があり、キリストが私たちのものであり、この方ご自身が持っておられるものを私たちにあずからせてくださる！（Inst. III, 11,10, OS 4,191, Zl. 27-31 を参照）　キリストは私たちの外側におられるのではなくわれわれの中に住んでおられ、裂けることのない交わりの帯によりわれわれに結ばれておられるだけではなく、やがては私たちと一つになられるまで、日々、驚くべき交わりによりもっとわれわれと一つの体に一緒になるようそれは成長している（Inst. III,2,24, OS 4,35,7-11）。

キリストとの一致、それを生み出すのは聖霊であり、それが人間の側でとられている形や表現というものが信仰であるということが、続く『綱要』の説明の出発点を形成している。他のすべての教えは信仰の中で起こるキリストとの交わりに帰される。同様にして、すでにプロテスタント内部での聖餐論争で仲介しようとした努力の中で、聖餐の固有の実りはキリストとの交わりと名付けている（本書七九―八〇頁を参照）。

カルヴァンはすべての人間の理解を超えている神の主権を強調した、まさにそのことで、キリストとの隠された一致が、ますます奇跡的なものとなる。単なるキリスト論ではなく、霊に織り込まれた、キリストとの交わりの中で、救済論的な強調がなされて、それが『綱要』の目的であり中心点を描いているという事実は、カルヴァンの神学の人文主義の特性をまたしても示しているだけではない。カルヴァンを最も強くルターと結びつけてもいる。ルターが初期の綱領的文書である『キリスト者の自由』で展開した基本的考え方に、『綱要』の初版以来、方向を定め続けている。後に始まる教派主義はプロテスタント内部の異なる教えを固定化したので、こうした実情は二〇世紀に入るまで覆い隠されていた。カルヴァンの自己理解は、ルターの弟子であり、ルターの関心事を自分自身の新たな挑戦に直面して自分なりに考えを進めた弟子である。亡命者たちは生涯、自分の仕事や自分自身を基本的に脅かされていると見ていたが、彼らを支えたのが隠されたキリストとの交わりだった。そして、それは決定的な対局であり、継続して展開される、恐るべき神の主権を強調した神概念の論理に直面して慰めを与えた。

霊に織り込まれたキリストとの交わりとして理解された信仰について、カルヴァンはルターに比べて、襲ってくる断罪前の不安に直面した義認を、中世の敬虔がそれで占められていたようには、確かに視野に入れていない。むしろカルヴァンにとって中心事であったのは、転換期にある、見たところ目的を失って変化し、偶然に任された世界に直面して、みずからを神の摂理にへりくだって限りなく委ねることだ。亡命を余儀なくされたカルヴァンは、まさしくこのことを鋭く見ていた。そしてここにこそ、近代精神初頭の危機にあって、カルヴァンの神学の大変な魅力の根拠を求めるべきだ。

伝播の系図

カルヴァンの業績が印刷された数は、彼の思考の影響史について示唆に富む指摘をする（Gilmond/ Peter 1991-2000を参照）。一五四〇年代から少なくとも一六世紀末に至るまで、カルヴァンは改革派プロテスタントの代表者たちの中で最も業績が印刷された著者だ。一五三〇年代ではまだブリンガーが一番だった。一五四〇年代にはカルヴァンの著作は九三点印刷され、一五五〇年代には一一七点、一五六〇年代には一三四点にまで至った。初期印刷史は、カルヴァンの思想の伝播の地域別の重点についても示している。国際的に影響を与えるラテン語版一五二点は、二〇九点のフランス語版、特に一五五〇年代と一五六〇年代に印刷された版を助けた。その他はずっと少なくなり、六七点の英語版と二九点のドイツ語版が続く。一五点のオランダ語版は、言語圏が狭いことを考えると注目に値する。その後には、対抗宗教改革が起こる前の期間に一一点のイタリア語版、二点のスペイン語版、一点のポーランド語版の翻訳が続く。

絶え間ない、膨大な量の手紙のやりとりが、印刷された書物の他にカルヴァンの宗教改革の伝播に重要な役割を果たした。すでに一五七五年に、カルヴァンの後継者は、四〇〇のカルヴァンの手紙の書簡集を印刷している。書簡の半分はフランス人宛であり、他はスイス人、ドイツ人、ポーランド人、イギリス人、イタリア人、その他ヨーロッパ諸国に属する人々宛だ。今日までおよそ一三七〇通のカルヴァンの手紙が残っている。

カルヴァンの死後、その教えを刻んだプロテスタント主義が迅速に広まった。その後五〇年間に、生み出された信条の他のどれも、同じように迅速かつ大きな範囲に広まることはなかった。またルター派プロテスタント主義との競争が起こっているが、カルヴァンの改革派プロテスタント主義は「優勢」であることが判明した。まず最初にカルヴァンの考えは故郷フランスで影響を及ぼした。特にアカデミーとカルヴァンの後継者ド・ベーズは、フランスで影響が残るよう心を砕いた。一五九八年のナントの勅令によりフランスのプロテスタントは確かにある程度の黙認をやっとのことで手に入れはした。しかし、絶え間ない迫害と一六八五年のルイ一四世のナント勅令の廃止は、フランスからのプロテスタントの類を見ない脱出を導いた。このことが、翻って、カルヴァンの考えをイギリス、オランダ、ドイツ、北アメリカへと伝播することに本質的に寄与した。

けれども初期の伝播領域の中では、まずスコットランドを挙げるべきだ。スコットランドでは、ジュネーヴのカルヴァンの下で学んだ並外れて精力的な一人の改革者が、ジョン・ノックスと一緒に働いた。一五六〇年にはカルヴァンの精神で編集されたスコットランド信仰告白が議決され、一五九二年には王と議会はジュネーヴの前例に対応する教会規則を承認した。オランダでは、カルヴァンの思想が刻み込まれた改革派の活動が、スペイン支配からの独立闘争と大変密接に結びついた。迫害されている状況では、国家に対する教会の独立性をカルヴァンが強調したことや、世界の形成を目指した神学に影響力があることが証明され、オランダはこの一〇年間にヨーロッパでのカルヴァン主義の中心へと成長した。一六〇八年にオランダ北部が当座の独立を獲得したときには、カルヴァン主義を目指した改革派教会はそこで一種の国家教会となった。一六一八年一一月から一六一九年五月にドルトレヒトで、国際色の強い参加者によって行われたオランダの改革派教会の大会は、カルヴァン主義の形成と伝播を決定する日付となった。なぜなら、そこにおいて、二つのグループ、人文主義的道徳的な様相の予定論の代表者と、神の永遠の神意から出発して信仰者の堅忍で収束する予定の観念の信奉者との間の議論が、後者に有利なように決定されたからだ。

ドイツ国民の神聖ローマ帝国の中で、プファルツ選帝侯領は一六世紀の六〇年代以来カルヴァン主義改革派プロテスタントの初期の重要な中心となった。一五六三年には選帝侯フリードリヒ三世はメランヒトンの弟子であるザカリアス・ウルジヌスによりハイデルベルク信仰問答を整えさせた。これはドイツで支配的であった「フィリップ主義的カルヴァン主義」の最も重要な文書となった。これは、フィリップ・メランヒトンの強い影響と、特に聖餐論と予定論でのルター主義への対立を弱めていることで傑出している。ウルジヌスとカルヴァンの弟子カスパル・オレヴィアンは、ハイデルベルクでのチューリッヒの立場の代表者、特にトマス・エラストゥスへの対立を貫き通すことができた。一五八四年にハイルブロンにナッサウ伯により設立された高等学校では、ヨハンネス・ピスカトールがカルヴァンの精神での聖書註解と聖書翻訳により抜きんでていた。彼と並んで、法学者ヨハンネス・アルトゥジウスがカルヴァンの精神で政治論と法学を展開しようとした。広い範囲に及んだ影響ではヨハン・ハインリヒ・アルステッドの百科事典が挙げられる。ライン下流や東フリースランド、ヘッセン・カッセル、アンハルト、リッペ、ブランデンブルクなどでカルヴァン主義は地歩を固めた。それに対して、ルター主義のザクセン選帝侯領でのカルヴァン主義の伝播、いわゆる隠れたカルヴァン主義は度重なる迫害の波により終わりを迎えた。一六一三年にブランデンブルク選帝侯ヨハン・ジギスムントがカルヴァン主義改革派プロテスタントに踏み入ったときには、――一五五五年のアウグスブルク宗教和議でそもそも備えられていたように――自分の領邦での住民の信仰告白の変更をもはやすでに徹底することができなかった。住民の大部分はルター派に留まった。カルヴァン主義は、ブランデンブルクでは長い間エリートの現象にすぎなかった。

スコットランド、ジュネーヴ、オランダから始まり、カルヴァンの思想はイングランドで、ピューリタン主義の形で大いに広がった。これは、エリザベス一世(一五三三―一六〇三)時代の穏健な宗教改革に対して、一五五八年以来批判的に対立した、聖公会内部での一党派として形成された。トマス・カートライトはカルヴァン主義の理解で、聖書の前例に由来する教会会議・長老制(synodal-presbyterial)に整えられた教会規則を要求した。ウィリアム・パーキンスはカルヴァンの関心であった生き方の改革を、聖書に由来する良心の観察の実行へと発展させた。一七世紀の四〇年代にはピューリタンは、ウェストミンスター信仰告白を決定したウェストミンスター会議（一六四三―四九）で優位に立った。王護民官のオリバー・クロムウェルは穏健な長老主義者よりラディカルな会衆主義者を好んだ。国王チャールズ二世（一六六〇―一六八五）の王制復古の時代には長老主義者と会衆主義者の大部分は北アメリカへと移住した。すでに以前に多くのピューリタンが、迫ってくる迫害から逃れており、一六二〇年にマサチューセッツを設立した清教徒もこの部類である。オランダからの亡命者とアイルランド-スコットランドからの入植者と一緒に、彼らはアメリカの民主主義の成立に影響を与えた。カルヴァンの思想は、アメリカの民主主義を通じて、カルヴァン主義以外の教会で、例えばバプテスト派でも効力を持った。

文化に及ぼした影響

カルヴァンから、あるいはカルヴァンからも刻印を得た改革派プロテスタント主義は、並々ならないほど多くのものを作り出した現象だった。まったくさまざまな状況にあって、プロテスタント主義のカルヴァン的改革派の形が形成力を獲得することができたことは、まさしく特徴的なことだ。つまり、領主により牽引された宗教改革もあり、その他に同時に、自分たちの教えと生活様式を世俗の権威に距離を置いて、あるいはそれと相反して展開した亡命者教会があった。両方の状況、つまり上の権威により秩序づけられた宗教改革も、亡命者教会もまた、カルヴァンの教えが形成されながら造り上げることができた。古典的なカルヴァン主義を定義している五つの指標とは、⑴罪人の完全な堕落、⑵無条件的選び、⑶不可抗的恩恵、⑷限定的贖罪（神との和解）、⑸聖徒の堅忍であるが、これはカルヴァンの改革者としての仕事の影響史のほんの一部にすぎない。

カルヴァンの教えが文化史に与えた影響は、ルターのものと大幅に一致して起こった。その独自性は過大評価されるべきではない。このことは、古い信条主義に刻印された解釈に対しても、マックス・ヴェーバーやエルンスト・トレルチの社会学の仕事に対しても反論として突きつけられるべきだ。それらの場合、一方では内面にだけ注目し、政治的にはむしろ受け身で、あるいはお上に聞くルター主義と、他方では社会形成の意思があり、お上に批判的なカルヴァン主義とを対置した。新しい教派化史研究は、それに対して、三つの主要教派である、ルター主義、改革主義、それにまた近代初期のトリエントのカトリック主義が構造的に持っている共通性を強調している。

カルヴァンは、ルターと同様に世俗の当局の支配権を強調したし、極めて限定された場合にのみ家臣の抵抗権を認めた。わけてもブツァーに触発されて、カルヴァンはルターよりも踏み込んで、従う立場の参事会の抵抗権を明らかにした。カルヴァンの後継者たちは、その後フランスの迫害の緊迫化の中や、スペイン植民地のオランダで、更に踏み込んだ抵抗権の基礎付けを展開した。しかしカルヴァンの弟子たちのもとでは、教皇の支配要求に世俗の当局が抵抗する権利が、ルター派と比べて、弱く強調されたわけではない。ルター派とカルヴァン派の抵抗権の基礎付けの論争での違いは、本質的には、ルター派がともすれば神学者によって終末論的な地平でなされていたのに対して、カルヴァン派は法学者、あるいは法学に素養のある著者たちによりなされたことだ。ヘルマン・コンリングやサムエル・プフェンドルフなどの一七世紀の著者たちが、すでにカルヴァン主義を、当局批判的で、時代に従って革命的であると名付けたことは以下のように説明できよう。帝国内ではカルヴァン的改革派プロテスタント主義の生き方の表明が、まず一五七二年のプロテスタント大量虐殺の後成立した基本的に君主放伐論的文献の形で、また、オランダのスペイン支配者への抵抗という文脈で形を得た。

カルヴァンの神学のいくつかの基本的決断は民主主義を奨励するように働いた。罪の力の強調は、民に対してだけではなく、国家権力の持ち主にも権限をコントロールすることを求めた。神の主権と神の自由を強調することは世俗の支配の主権を傾向として制限することになった。教会の長老・会議制指導構造は、最初からカルヴァン的改革派プロテスタント主義の特徴であったが、代表民主主義の制度を制定するのに手本となるように作用した。北アメリカでは、宗教改革左派（唯心論者）の後裔との接触が、カルヴァン自身と初期の後継者たちの場合には、むしろ周辺的であった寛容の思想を作り出していくことへ向かった。

カルヴァンは神学と道徳を、経済的に成功していく文脈で整えた。それだからすでに初期工業の生産、商業、貨幣経済について、神の法（盗みの禁止）から出発して独特なやり方で問題にした。利子獲得行為が、厳しく、公正さと愛という基準に従って定められるべきであっても、利子を取ることを正典が禁止していることは廃止された。マックス・ヴェーバーは、「資本主義の精神」を、カルヴァン主義に固有の世俗内禁欲と予定説に結びつけ、経済的成功は選びのしるしであるから、そこに選びの確証を見出すという努力とに帰した。しかし、ヴェーバーにより引き合いに出された例証は、カルヴァン主義がすでに他の思潮と混ざった、一七、一八世紀の英米ピューリタニズム（リチャード・バクスター、ベンジャミン・フランクリン）に由来している。にもかかわらず、カルヴァン主義の基本線は資本主義経済の形態の伝播を奨励したと言ってよい。つまり、正しい神讃美と、創造者としての神の栄誉を増していくように共同の生活を整えることは、世俗内禁欲や計画的に組織すること、生活形成を秩序立てることを結果として引き起こした。

ルターと同様にカルヴァンも、中世的な、聖なる身分を優先して世俗身分を蔑視することを克服することに決定的に寄与した。世俗の職業を、神礼拝よりも過少評価するべきではなく、一つの霊的な訓練の形として理解するべきだった。カルヴァン主義宗教改革の反聖職者主義は、ルター主義の場合よりももっと際立っている。その際、カルヴァンの人格の他に、西ヨーロッパで宗教改革が形成されたときの先鋭化した対立状況が役割を果たしている。

法学を学び、人文主義の特性を得ていたカルヴァンは、強い一貫性をもって、神の他者としての存在、神の世俗に対する超越性を論じた。聖書の先例に従って形成された霊的な神礼拝は、神に対して正しくなされるべきだった。異端（superstitio）は、地上のことを宗教的に高めることとして、またあらゆる種類の神と世の混合とは、カルヴァンが決定的に戦った対象であった。カルヴァンと、とりわけ彼の後継者たちは、ルター派の教えの中に聖餐式でキリストの人間としての身体的存在を見る教えや、偶像禁止を不十分であれ遵守していることに対して、神が聖書で語っていることが傷つけられているのを見た。彼ら自身は、これまたルター派神学者たちからは理性主義が非難された。しかし、初期近代のエリートたちがカルヴァンの宗教改革に特に魅せられたのは、まさしく、神についての言い方や世俗との交わりについて、このような理性に置く尺度の高さであった。このことは特に法学者にあてはまる。一六世紀の過程で、彼らは指導的知識人として参事会会員を引き継いだ。そして近代初期の領域国家の教育で決定的な役割を果たした。例えばプファルツ選帝侯領が、カルヴァン的改革派プロテスタント主義へ移行したことで観察することができるのは、この発展を推進したのは、幾重にも若い、大変良い教育を受けた法学者たちであったことだ。カルヴァンの神学はメランヒトンの神学に似て、職業の枠内で訓練された理性に対応しており、神学自身がさらに世俗との理性的な関わりをもつ精神性を要請した。教育を受けていることと、カルヴァン派であることが同一視されたのは決して偶然ではなく、まったく相応なことだった。

カルヴァンの宗教改革の独特なところを更に挙げれば、人生形成、教会規則、教会規律に重い重心を置いたことだ。カルヴァンと改革派プロテスタント主義の要求は、総じて、ルターの始めた宗教改革を更に進めることであった。教えの改革は、生活の改革をもたらすべきだ。このプログラムを、筋を通して現実化するために、カルヴァンは法学者として受けた教育を基礎にして、卓越した前提を持ってきた。そこで間違った妥協をしないことに、すべての人格が向けられた。「現在のこの命は戦いに定められている」（CO 11,91; Schwarz 1,161）とカルヴァンは一度、友人ファレルに宛て、ジュネーヴの反抗を視野に入れて書いている。カルヴァンと彼に刻印されたプロテスタント主義の卓越した形成の意志は、その神学的基礎づけを、律法の道しるべ的用法が、キリスト者の人生において、最も重要なものとみなされるところに見た。ルター派にとっては危険な律法主義、道徳化の傾向に値するこの事柄が、一六世紀と一七世紀の危機に満ちた変化の中で、独特の動きを展開した。近代初めに、形成要求、規制要求が直接の反響を得たのは、カルヴァン的改革派プロテスタント主義以外の他の教派にはない。

カルヴァンの宗教改革の形成意志が繰り広げた影響力には、文化史的に見ると問題を含む不都合な面が一つある。生活の改革を通して教えの宗教改革を前進させるという、生産的で、近代初めには特別魅力的な要求は、ある特定の生活様式を宗教的に基礎づけて要請することを意味した。教会生活を制度的に形成するような人間の行動は、宗教的で――自称聖書的な――規範、あるいは信仰告白文に合わなければならなかった。ここには、生活形成に関する個人的決定の余地は事実上なかった。継続的な脅迫感情で動かされる、教えの純粋さと教えの一致を求めるカルヴァンの戦いに伴う文化史上の結果は、不寛容を精神的に要請することになりえた。カルヴァンのように、旧約聖書の族長像と自分を同一視したときには、とりわけありえた。その上、迫害の経験、そしてまたそれぞれの宗教的見解を許容することをめぐる戦いが、カルヴァンの宗教改革に初めから属していた。カルヴァンの改革活動は迫害から逃れることで始まった。そして一生信仰のために亡命者であり続けた。敵対者を排除する政治を行った一人のオリバー・クロムウェルや、北アメリカに良心と宗教の自由を求めて、他を認めたピューリタンも、カルヴァンの宗教改革の文化的影響史に属している。

おわりに——力強い活動の根拠

カルヴァンの宗教改革の努力の膨大な影響史について解明するためにさまざまな根拠が挙げられる。

第一に、カルヴァンの宗教改革の業績を特徴づけている形成意志と形成力の高い尺度を挙げなければならない。生活の改革に関する神学に裏付けられた努力は、時代精神に合致していたし、変化の中にある世界の規制の需要に合致していた。

第二に、カルヴァンの神学の持つ、教派を越えて集大成する力を挙げるべきだ。ブツァーの例にならって、カルヴァンは特にルター的な関心事と改革派的な関心事を受け入れた。そのことで、メランヒトンと同じように、改革運動の多様性の中で、再洗礼派の考えを持った人たちをも含んで集大成する業績を成し遂げた。

第三に、カルヴァンは聖書の救いの使信を時代に即して先鋭化することができた。ルターは救いの使信を、修道僧としてのあり方と中世後期の最後の審判への敬虔を背景にして、義認（信仰のみ、sola fide）の使信として先鋭化した。カルヴァンにとっては、原罪とそれにより必然的に起こる最後の審判での断罪は、第一義的には、人間の本来の危機を形作っていなかった。むしろ人間の本来の危機は、カルヴァンの目には、方向を見失っていることであり、時代の激動の中でうろたえていることであり、肉の諸力の奴隷になっていることであった。だから聖書の救いの使信は、この世に送られた存在に対する摂理、選び、配慮の中に具体化した。亡命者であり外国人であるカルヴァンの生は、彼を取り巻く牧師たちと分かち合っていたが、ルターとは違うものであり、多くの視点においてはまさにルターと比べて「より近代的な」経験領域であった。

カルヴァンは旧約における羊飼いからイスラエル民族の指導者にまで呼び出されたダビデの姿、あるいは荒野を移動する民の不従順に添って導いたモーセの姿に、自分自身の生の意味を見出していた。そしてイスラエルの信仰の歴史をすべての高低を含めて現在のものにすることと理解していた。詩編の中にすべての嘆息を含む現在の生活が解釈され、言葉にされていると見た。

方向を見失っていることが脅迫としてさらに強く受け取られた危機的時代にあって、カルヴァンの書物は歓迎される手引きであった。しかしカルヴァンの書はまた直接の慰めでもあった。わけてもこの理由から、カルヴァンの業績は神学界を越えて読書家の世界に影響を及ぼすことができた。カルヴァンの説教が、フランスのプロテスタントたちに、戦いの時や迫害の時に、まれにみる慰めとして聞かれ、あるいは読まれたことは例証される。そのように、フランス・プロテスタントの指導者の一人である、コリニー提督などは、カルヴァンのヨブ記についての説教を毎日読んだはずだ（Mühlhaupt. XVII を参照）。この説教では、ただ倫理的な問いだけが扱われているのではなく、信仰と試みに関する問いも詳細に扱われている。

最後に、第四として、カルヴァンの教えでは論理的に一貫して考え抜かれた神概念と、内なる、キリストとの隠れた交わりにある敬虔とが、緊張をもって併存していることが、近代初期のエリートたちには魅力的であったと説明できよう。

カルヴァンの神についての弁論は、近代の反聖職者、反教会の考えを持つエリートの精神に対応したし、またそれを越えていった。こうしてカルヴァンは、ヨブ記説教では常に繰り返して、改めて、自然の秩序は神の行為の舞台、「劇場」として理解することを言い広めた。カルヴァンは驚愕しながら創造の緻密さや星軌道の規則性を観察することができ、そこに建築士についてのヒントを見出すことができた。同時に人間の認識の限界を忘れないという警告が向けられた。一人の人間が自らの能力のすべてを向けて神を認識し、自らの力すべてで讃えようとしても、それはただの神を歪めた侮りを来たらせるのみであろう。

神の大きさと力を、われわれの理解の中へと取り込もうとするとき、酷い仕方で神を汚してはいないだろうか。そのことは、人が海と地を自分で握ろうとするか、二本の指の間に挟もうとする以上のことだ。そしてそれはもっとひどい思い上がりである。なぜなら、天と地は、神にある正義、力、地、善意ほど偉大ではないからだ——ただの小さい足跡に過ぎない（CO 34,441f.）。

カルヴァンは信仰のない合理主義には導いていかない。信仰の中では現実となる、キリストとの隠された交わりでの救いへと、現実的に立ち入ることに目を向けている。キリストとの隠された交わりは、神を遠く、人には到達できないほどのかなたへ押しやる神概念の合理性へのまさに対極として、その独自な横顔を持つ。一五五五年八月八日にカルヴァンは、友人となった一人の神学者にこう書いている（CO 15,722f.; Schwarz 2,793f.）。

君に約束したことを、つまり、私たちがキリストに不思議にあずかることについて書きたい。完全に君が望むようには差し出さないだろう。なぜなら、私は、事柄が大変重要であるにもかかわらず、われわれのうちにあっては、ほんとうにわずかな言葉でしか表現できないと思うからだ。神の子が、われわれの兄弟となるために、われわれの肉を取られ、われわれと同様の自然の一部になられた、この関与については君に語る必要はあるまい。なぜなら、キリストの天の栄光から流れ出し、われわれに命を吹き込み、われわれがキリストと一つの体へと一緒に成長させてくださるよう実現してくださる……という関与が問題になるだけだからだ。どのように起こるのか、それは私の理解の程度をはるかに超えている。それを告白せざるを得ない。つまり、私は、この秘密を捉えようと努力するより以上に予感する。神の力により、霊の生活が天から地へと流れ落ちる……ことだけを私は認識している。

訳者あとがき

原題は『ジャン・カルヴァン——改革者の人生と仕事』という極めて事柄に則したそっけないものだが、編集者との協議の末「亡命者と生きた改革者」というサブタイトルに変更された。今世紀はいずれ後に「難民の時代」、あるいは「民族移動の時代」と命名されることだろう。日本という島国に生きていて実感を伴うかどうかは関わりなく間違いない。この状況と重なる時代に生きたこの改革者は、みずから正しい神崇拝を確立しようと努力した亡命者であり、異国のジュネーヴに居場所を得ることができた後も、死の床に至るまで、他の亡命者——信仰を貫くために故郷を捨てざるを得なかった、あるいはあえて故郷を捨ててみずからの信じるところに準じてイギリスを含む全ヨーロッパをさまよい続けた人々——に寄り添って神学し、行動した。その姿を伝えたいと思った。このことへの理解なく彼の神学そのものを適格に理解できないと言っても言い過ぎではなかろう。「カルヴァンの改革活動は迫害から逃れることで始まった。そして一生信仰のために亡命者であり続けた」（本書一六二頁）。この消息については、どうか著者の序をはじめ本文を参照していただきたい。

今回の翻訳では、翻訳につきものの通常の困難の他に、人名と地名の日本語の選定に時間を取られることになった。まさしく国境を越えて人々は動いた。しかし人名はその人の出自に従ったものとさせていただいた。従って原著のドイツ語での表記とは同じではない場合もあるし、多くの読者の常識と異なる可能性もあるのでご了解いただきたいと思う。またこの当時ドイツ語が支配的であった地名はドイツ語で表記した。

島国で内向きに孤立しており、かつ日本語が支配的であることを当たり前とするこの国では理解されにくい事柄もある。その一つが当時の亡命者の教会が礼拝を何語でしたかという問題である。彼らはそれぞれ国籍というよりは、自分の母語により教会を形成していた。フランス語を礼拝で使う教会は必ずしも国籍がフランスの人々だけが集まる教会ではなかった。

原著者は、著述対象の改革者がみごとに体現した人文主義というものの伝統の末裔であり、現勤務地であるドイツ南部の町ハイデルベルクよりも、文献の研究のためにジュネーヴに滞在することが多いのではないかという様子の、原典に徹底して当たる文献学者、歴史研究者である。一般向けのこの書の短い表現に隠されている、多くの歴史的情報や込み入った事情とそれに関する議論については、教会史を専門にしている菊地信光氏の助言なしには掘り起こすことができなかった。

不十分な日本語の訳文であるが、近代では必ずしも良いイメージで伝えられてこなかった改革者が、生死も定かでない困難な日々に、眼を上に向けつつ聖書から与えられた目標に手を伸べつつ生きた姿に、読者が少しでも眼を開いてくだされば光栄である。
またしても予想をはるかに越えて遅れての出版の運びになり、教文館、特に編集者の髙木誠一氏にご迷惑をかけたことを申し訳なく反省している。このたびの言い訳は、翻訳時期が母を看取る最終コーナーと重なってしまったことにつきる。人を人として看取ることにこれほどの学習と多方面とのチームワーク形成と、加えて平穏死などさせまいとする勢力との戦いに時間と精力を取られるとは、経験者のみの共有の嘆息であろう。今回の出版に際して、とにもかくにも平穏死を得て地上の生涯を四か月前に終えたこの母を覚えたい。元気であれば最初の読者の一人になってくれたであろう。

二〇一六年七月一〇日　暗雲のたれ込める国の一角で

人名索引

サ行

タ行

ナ行

ハ行

マ行

年　表

1509年7月10日	仏ノワイヨンで誕生。
1515年	母の死
1521年3月	ルターの著作がソルボンヌで断罪される。
1521年春	カルヴァン、12歳にして最初の教会禄を得る。
1523－1527/28年	パリのコレージュ・ドゥ・ラ・マルシュとコレージュ・モンテーギュで基礎過程。
1524年以降	ルターの著作をフランス語に翻訳。
1528－1529年	オルレアンで法学を学ぶ。
1529夏－1530年	ブルージュで法学を学ぶ。
1531年5月26日	父死去。
1531－1533年	オルレアンとパリで学ぶ。
1532年	セネカの著作『寛容論』の註解書。
1532－1533年	宗教改革へ向かう。
1533年11月1日	ニコラ・コップの学長就任演説。
1533/34年冬	パリから亡命。
1533－1534年	アングレムとパリに滞在。
1534年5月	ノワイヨンに滞在。
1534年10月17－18日	檄文事件。
1534－1536年	バーゼルに滞在（中断を伴う）。
1535年1月29日	宗教改革同調者に対するフランソワ1世の勅令。
1535年8月	『キリスト教綱要』へのまえがき。
1535年	オリヴェタンのフランス語訳聖書へのまえがき。
1536年3月	『キリスト教綱要』刊行。
1536年春	フェララ大公国へ旅行。
1536年5月21日	ジュネーヴ国民総会が宗教改革導入を決定。
1536年7月	ジュネーヴ滞在。
1536年秋	ジュネーヴでカルヴァンの聖書講義始まる。
1536/37年	カルヴァンとギヨーム・ファレルによる『信仰の手引き』。
1537年	ピエール・カロリの非難への弁明。

1537年	弟シャルルの死。
1538年４月23日	エリー・コロ牧師、ギヨーム・ファレル、カルヴァンはジュネーヴから強制的に離別。
1538年夏	バーゼル滞在。
1538年９月	シュトラスブルクでフランス語亡命者教会の牧師とアカデミーの教師として働き始める。
1539年	『綱要』の新版公刊、サドレ枢機卿への返書。
1540年６－７月	ハーゲナウでの宗教討論、カルヴァン陪席。
1540年10月28日－1541年１月18日	ヴォルムスでの宗教討論、カルヴァン参加。
1541年４月27日	カルヴァン参加の下にレーゲンスブルクの宗教討論始まる。
1541年８月	イドレット・ド・ビュールと婚姻。
1541年９月13日	ジュネーヴでの働き再開。
1541年９－11月	ジュネーヴで『教会規則』に関する議論と受容。
1542 / 45年	ジュネーヴ教会信仰問答（フランス語とラテン語）。
1543年	パンフレット『聖遺物について』。
1543－1544年	セバスチャン・カステリョとの議論。
1543－1545年	ジュネーヴでのペスト流行。
1546年春	ジュネーヴの指導的家族とカルヴァンの対決の先鋭化。
1547年４月	シュマルカルデン戦争でのプロテスタントの敗北。
1547年３月31日	フランソワ１世の死（在位 1515－1547年）。
1547－1559年	フランソワ２世フランス王在位。
1547年	火刑裁判所設立。
1547年７月26日	ジャック・グリュエの処刑。
1549年３月	妻イドレット死亡。
1549年	チューリッヒ協定。
1551年末	ジェローム・ボルセックと予定論についての議論。
1553年９月	フィリベール・ベルトリエと教会規律に関して議論がエスカレート。
1553年10月27日	ミカエル・セルヴェトの火刑。
1555年５月16日	カルヴァンに都合のよい争乱と状況の急変。
1559年	ジュネーヴ・アカデミーの創立。
1559年	ガリア信仰告白（フランス信仰告白）。
1564年５月27日	ジュネーヴで死亡。

参考文献

一次資料

ほぼ完成を見ている唯一のカルヴァンの著作集は 19 世紀以来刊行されている Calvini opera quae supersunt omnia, hg. v. W. Baum/E. Kunitz/E. Reuss, 59 Bde., Braunschweig/Berlin 1863-1900［=CO］である。 現在はその DVD 版もある。H. J. Selderhuis u. a., Apeldoorn 2005. 新たな歴史的批評的全集の出版ははじまったばかりで、1992 以来刊行されている Ioannis Calvini opera omnia denuo recognita et adnotatione critica instructa notisque, I. Backus u. a., Genf 1992ff.［=COR］である。『キリスト教綱要』の最初と最後のラテン語版は 1536 年と 1559 年に出版された［それぞれ Inst. 1536/Inst. と Inst. と略記］からの引用は Joannis Calvini opera selecta, hg. v. P. Barth/W. Niesel/D. Scheuner, 5 Bde, München 1926-36［=OS］による。多くは筆記のみにより保存されているカルヴァンの説教が編まれているのは Supplementa Calviniana. Sermons inédits, E. Mülhaupt u. a., Neukirchen-Vluyn 1936–2006［継続中でこれまで 10 巻が公刊済み］.〔日本語訳は以下のものがある。渡辺信夫訳『苦難と栄光の主――イザヤ書 53 章による説教』新教出版社、1958 年、野村信訳『霊性の飢餓――まことの充足を求めて』教文館、2001 年、アジア・カルヴァン学会編訳『命の登録台帳――エフェソ書第 1 章（上）』2006 年、キリスト新聞社、同『神への補償金――エフェソ書第 1 章（下）』2010 年、キリスト新聞社。〕1536 年の『キリスト教綱要』初版のドイツ語版（Christliche Glaubenslehre）は B. Spiess による訳（Wiesbaden 1887）。1985 年にチューリッヒでリプリントされた。〔1536 年のラテン語版からの日本語訳は、久米あつみ訳『キリスト教綱要（1536 年版）』教文館、2000 年。〕生前に出版された『キリスト教綱要』の最後のラテン語版は O. Weber による訳。Unterricht in der christlichen Religion. Institutio Christianae Religionis, Neukirchen-Vluyn（1955）[6]1997. オンライン上での版は http://www.calvin-institutio.de［2008 年 9 月 29 日現在］. ラテン語版あるいはフランス語版の原典版選集とドイツ語訳があるのは、Calvin-Studienausgabe, hg. v. E. Busch u. a., 6Bde., Neukirchen-Vluyn 1994–2008［=CStA］.〔最終版（1559 年ラテン語版、1560 年フランス語版）による日本語訳の最新のものは渡辺信夫訳『キリスト教綱要　改訳版』新教出版社、2007－2009 年。〕カルヴァンの膨大な書簡の選集と自著への序のドイツ語訳は、R. Schwarz（Hg), Johannes

Calvins Lebenswerk in seinen Briefen. Eine Auswahl von Briefen Calvins in deutscher Übersetzung, 3 Bde., Neukirchen-Vluyn（1909）[2]1961/62. 更には A. L. Herminjard, Correspondance des réformateurs dans les pays de langue française, Paris 1866-1897 および、M. Luther, Werke. Kritische Gesamtausgabe, Weimar 1883ff.［=WA］.

〔本書では、可能な限り上記のドイツ語訳を引用した。聖書註解の日本語訳は、カルヴァン著作集刊行会編『カルヴァン　旧約聖書註解』新教出版社で創世記Iと詩篇全4巻がある。現在はオンデマンド化されている。同じく『カルヴァン　新約聖書註解』は、共観福音書上、ヨハネ福音書上・下、使徒行伝上・下、ローマ書、コリント前・後書、ガラテヤ・エペソ書、ピリピ・コロサイ・テサロニケ書、ヘブル・ヤコブ書、ペテロ・ユダ書・ヨハネ書簡がある。〕

二次資料

伝記、神学、影響史などのすべての観点に関する最新の研究現状については、H. J. Selderhuis（Hg）, Calvin-Handbuch, Tübingen 2008. 16世紀末までに公刊されたカルヴァンの著作を完備したファクシミリ版の表題頁付きの文献が含まれているのは、J.-F. Gilmont/R. Peter, Bibliotheca Calviniana. Les œuvres de Cal-vin publiées au XVIe siècle. Écrits théologiques, littéraires et juridiques, 3 Bde., Genf 1991/1994/2000. 20世紀初頭以来のカルヴァン関係の文献は、W. Niesel, Calvin-Bibliographie 1901-1959, München 1961; D. Kempff, A Bibliography of Calviniana 1959-1974, Leiden 1975; P. de Klerk u.a., Calvin Bibliography, in: Calvin Theological Journal 7ff.（1971ff）［年刊］; Neueste Jahrgänge 1997ff.（継続して発刊）: http://www.calvin.edu/meeter/bibliography/［2008年9月29日現在］. カルヴァンの周知の著作が記載されているのは、Archiv für Reformationsgeschichte. 文献報告や重要な著作に関する短い情報は、W. de Greef, The Writings of John Calvin. An Introductory Guide. その英訳はL. D. Biermaによるものがある（Grand Rapids, Michigan/Leicester 1993）。［オランダ語版原著は Kampen 1989］.〔日本語によるその他のカルヴァンの著作は、久米あつみ訳『キリスト教綱要（1536年版）』の巻末の主要文献に2000年までの主要なものが挙げられている。〕

カルヴァンの伝記

H. Bolsec, Warhaffte History / Vom Leben / Sitten / Thaten / Lehr vnd Todt Joannis Caluini / vormals gewesenen obersten Kirchendieners zu Genff, Köln 1580［ラテン

語版原著は 1577 年]; W. J. Bouwsma, John Calvin. A Sixteenth-Century Portrait, Ox-ford 1988; J. Cadier, Calvin. Der Mann, den Gott bezwungen hat, Zollikon 1959; B. Cottret, Calvin. Eine Biographie. 仏訳は W. Stingl, Stuttgart 1998 [初版は Paris 1995]. 〔日本語訳は出村彰訳『カルヴァン――歴史を生きた改革者 1509-1564』新教出版社、2008 年。〕D. Crouzet, Jean Calvin. Vies parallèles, Paris 2000; E. Doumergue, Jean Calvin. Les hommes et les choses de son temps, 7 Bde., Lausanne 1899–1927; W. H. Neuser, Johannes Calvin, Berlin/New York 1971; Th. H. L. Parker, John Calvin. A Biography, London 1975; U. Plath, Calvin und Basel in den Jahren 1552–1556, Zürich 1974; F. de Raemond, L'histoire de la naissance, progrez et decadence de l'heresie de ce siecle, divise en huit livres, Rouen 1618 [初版は 1605 年]; E. Stähelin, Johannes Calvin, 2 Bde., Elberfeld 1863. 〔専門家による一般向け啓蒙書として C. Elwood, Calvin for Armchair Theologians, 2000 [日本語訳は出村彰訳『はじめてのカルヴァン』教文館、2007 年。]〕

カルヴァンの神学

R. Muller, The Unaccommodated Calvin. Studies in the Foundation of a Theological Tradition, New York/Oxford 2000; W. Niesel, Die Theologie Calvins, München (1938) ^{2}1957 〔日本語訳は渡辺信夫訳『カルヴァンの神学』新教出版社、1960 年。〕; Th. H. L. Parker, Calvin. An Introduction to His Thought, Louisville, Ky. 1995; W. van't Spijker, Calvin. Biographie und Theologie, übers. v. H. Stoevesandt, Göttingen 2001; C. Strohm, Das Theologieverständnis bei Calvin und in der frühen reformierten Orthodoxie, 収録雑誌 : Zeitschrift für Theologie und Kirche 98 (2001), S. 310-343; F. Wendel, Calvin. Ursprung und Entwicklung seiner Theologie, Neukirchen-Vluyn 1968 [初版はフランス語、Genf 1950].

各　論

A. Biéler, La pensée économique et sociale de Calvin, Genf 1961; J. Bohatec, Budé und Calvin. Studien zur Gedankenwelt des französischen Frühhumanismus, Graz 1950; J. Bohatec, Calvin und das Recht, Feudingen i. W. 1934; P. Brunner, Vom Glauben bei Calvin, Tübingen 1925; J. Courvoisier, Les catéchismes de Genève et de Strasbourg. Etude sur le développement de la pensée de Calvin, in: Bulletin de la société d'histoire du protestantisme français 84 (1935), S. 105-121; A. Ganoczy, Le jeune Calvin. Genèse et évolution de sa vocation réformatrice, Wiesbaden 1966; M. Greschat, Martin Bucer. Ein Reformator und seine Zeit, München 1990; H. Höpfl, The Christian Polity of John Calvin, Cambridge et al. (1982) 1985; W. Kolf-

haus, Christusgemeinschaft bei Johannes Calvin, Neukirchen 1939; W. Krusche, Das Wirken des Heiligen Geistes nach Calvin, Göttingen 1957; O. Millet, Calvin et la dynamique de la parole. Etude de rhétorique réformée, Paris 1992; E. Mülhaupt, Die Predigt Calvins, ihre Geschichte, ihre Form und ihre religiösen Grundgedanken, Berlin/Leipzig 1931; W. G. Naphy, Calvin and the Consolidation of the Genevan Reformation, Manchester/New York 1994; Neuausg. Louisville, Ky. 2003; P. Opitz, Calvins theologische Hermeneutik, Neukirchen-Vluyn 1994; Th. H. L. Parker, Calvin's Preaching, Edinburgh 1992; E. Pfisterer, Calvins Wirken in Genf, Neukirchen-Vluyn ^{2}1957.

影響史

P. Benedict, Christ's Churches Purely Reformed. A Social History of Calvinism, New Haven/London 2002; R. C. Gamble, Calvin and Calvinism. A Fourteen-Volume Anthology of Scholarly Articles, New York/London 1992; W. F. Graham, The Constructive Revolutionary John Calvin. His Socio-Economic Impact, Richmond, Va. 1971; W. F. Graham (hg), Later Calvinism. International perspectives, Kirksville, Mo. 1994; J. Lecler, Geschichte der Religionsfreiheit im Zeitalter der Re-formation, 2 Bde., Stuttgart 1965; H. Lehmann, Max Webers „Protestantische Ethik", Göttingen 1996; J. Th. McNeill, The History and Character of Calvinism, London/Oxford/New York 1962; G. Mützenberg, L'Obsession calviniste, Genf 1979; J. Rohls, Zwischen Bildersturm und Kapitalismus. Der Beitrag des reformierten Protestantismus zur Kulturgeschichte Europas, Wuppertal 1999; H. Schilling (hg), Die reformierte Konfessionalisierung in Deutschland – Das Problem der „Zweiten Reformation". Wissenschaftliches Symposion des Vereins für Reformationsgeschichte 1985, Gütersloh 1986; H. Schilling, Civic Calvinism in Northwestern Germany and the Netherlands, Kirksville, Mo. 1991; C. Strohm, Ethik im frühen Calvinismus. Humanistische Einflüsse, philosophische, juristische und theologische Argumentationen sowie mentalitätsgeschichtliche Aspekte am Beispiel des Calvin-Schülers Lambertus Danaeus, Berlin/New York 1996; C. Strohm, Calvinismus und Recht. Weltanschaulich-konfessionelle Aspekte im Werk reformierter Juristen in der Frühen Neuzeit, Tübingen 2008; E. Troeltsch, Die Soziallehren der christlichen Kirchen und Gruppen. Reprint der Ausg. Tübingen 1912 in 2 Tlbdn., Tübingen 1994; M. Weber, Die protestantische Ethik, hg. v. J. Winckelmann, 2 Bde, Gütersloh ^{8}1991, ^{5}1987; J. Witte Jr., The Reformation of Rights. Law, Religion, and Human Rights in Early Modern Calvinism, Cambridge 2007.

全 集

カルヴァン神学の新しい研究について適切な概観を与えるのはカルヴァン研究についての定期的な学会の報告書である。

W. H. Neuser (Hg), Calvinus Theologus, Neukirchen-Vluyn 1976; W. H. Neuser (Hg), Calvinus ecclesiae doctor, Kampen o.J.; W. H. Neuser (Hg), Calvinus ecclesiae Genevensis custos, Frankfurt a.M. u.a. 1984; W. H. Neuser (Hg), Calvinus servus Christi, Budapest 1988; W. H. Neuser (Hg), Calvinus sacrae scripturae professor. Calvin as Confessor of Holy Scripture, Grand Rapids, Mich. 1994; W. H. Neuser/Brian G. Armstrong (Hg), Calvinus sincerioris religionis vindex. Calvin as protector of the purer religion, Kirksville, Mo. 1997; H. J. Selderhuis (Hg), Calvinus præceptor ecclesiæ, Genf 2004; H. J. Selderhuis (Hg), Calvinus sacrarum literarum interpres, Göttingen 2008.

〔以上の文献は原著者の選択に従って日本語による文献を補ったが、この他にもカルヴァンの著作の日本語訳、カルヴァン研究の日本語訳をはじめ日本語による伝記をはじめとする研究書もある。それらは時期を追って増え続けるので以下のサイトを参照してくだされば幸いである。www.facebook.com/ReformedWorshipMusic/〕

《訳者紹介》

菊地純子（きくち・じゅんこ）

1949年生まれ。1971年、国際基督教大学教養学部卒業。1975年、東京教育大学文学部修士課程卒業。1981年、筑波大学大学院歴史人類学研究科博士課程単位取得退学、テュービンゲン大学文学部で古代オリエント学、神学部で旧約学を学ぶ（Dr. Cand.）。日本キリスト教会神学校講師などを経て、現在、青山学院女子短期大学講師。

著書　『神は生きておられる』（日本キリスト教会大会教育委員会、2005年）、『講座　日本のキリスト教芸術1　音楽』（共著、日本キリスト教団出版局、2006年）、カルヴァン・改革派神学研究所編『カルヴァンと旧約聖書』（共著、教文館、2013年）。

編集　『みことばをうたう』改革教会礼拝歌集「礼拝教典」第二部（エルピス、2006年）。

訳書　『旧約新約聖書大事典』（共訳、教文館、1989年）、『ハーパー聖書注解』（共訳、教文館、1996年）、A. ラウハウス『信じるということ――ハイデルベルク信仰問答を手がかりに』（上下巻、教文館、2009年、2011年）他。

カルヴァン――亡命者と生きた改革者

2016年7月30日　初版発行

訳　者　菊地純子

発行者　渡部　満

発行所　株式会社　教文館

〒104-0061 東京都中央区銀座4-5-1 電話 03(3561)5549 FAX 03(5250)5107
URL　http://www.kyobunkwan.co.jp/publishing/

印刷所　モリモト印刷株式会社

配給元　日キ販　〒162-0814　東京都新宿区新小川町9-1
電話 03(3260)5670　FAX 03(3260)5637

ISBN978-4-7642-6725-1　Printed in Japan